Kakuro

igloo

igloo

This edition published 2008 for Index Books Ltd
by Igloo Books Ltd
Cottage Farm,
Sywell,
NN6 0BJ.
www.igloo-books.com

10 9 8 7 6 5 4 3 2 1

ISBN: 978 1 84561 812 4

Project Managed by Puzzle Press
Printed in China.

KAKURO

How to Solve a Kakuro Puzzle

Solving a Kakuro puzzle is a matter of combining reasoning skills with a basic knowledge of arithmetic.

The puzzle grid is fairly similar in layout to that of a crossword; although with the clues being laid out to the left of the boxes for the 'Across' answers, and above the boxes for the 'Down' answers. Each clue is the total of all the digits which should fill the adjacent blank squares.

When you first start a Kakuro puzzle, look at the clues and work out which combinations of digits might fit. Every block of blank squares will contain a different digit, from a choice of 1, 2, 3, 4, 5, 6, 7, 8 and 9 (zero is never used): so if, for example, the clue is '15' and there are five blank squares, you will know that the digits 1, 2, 3, 4 and 5 are to be used in some order.

The example below shows the top left-hand corner of a puzzle and you can see that there are five 'Across' rows and four 'Down' columns:

Down columns

1st 2nd 3rd 4th

Across rows 1st 2nd 3rd 4th 5th

git may appear more than once in any block of adjacent blank
two digits making a total of '4' in the fourth 'Across' row can't
eading from left to right) they are either 1+3 or 3+1. If they are
total of '3' in the second 'Down' column would be 3+0; but '0'
a Kakuro puzzle, so the total of '4' in the fourth 'Across' row is
tal of '3' in the second 'Down' column is thus 1+2, like this:

Now you can see that the '3' in the fifth 'Across' row can only be made up of the digits 2+1; and from there, you could think about the combination of digits needed to make up a total of '10' in the third 'Down' column.

The only four different digits which total '10' are 1, 2, 3 and 4; and the 1 and 3 have already been used in that column, leaving only the 2 and 4 to be placed.

It's a good idea to pencil in possibilities as you work through the puzzle, so as not to lose track of the possible combinations.

If the total of '10' is made up of 4+2+1+3, then the total of '6' in the third 'Across' row is made up of 2+4 – but then the total of '3' in the fourth 'Down' column isn't possible. So the total of '10' is made up of 2+4+3+1, like this:

Now you can see that the '6' in the third 'Across' row is made up of 4+2; so the '3' in the fourth 'Down' column must be made up of 1+2.

From there, you could think about the combination of digits starting with 2+1 which could make up a total of '13' as shown in the second 'Across' row, depending on how many blank squares need to be filled in that block

There is no time limit on these puzzles, and whilst some may seem easier than others, you will probably find that your skills increase as you work through them.

Solutions to the puzzles can be found at the back of the book. Have fun...

No 1

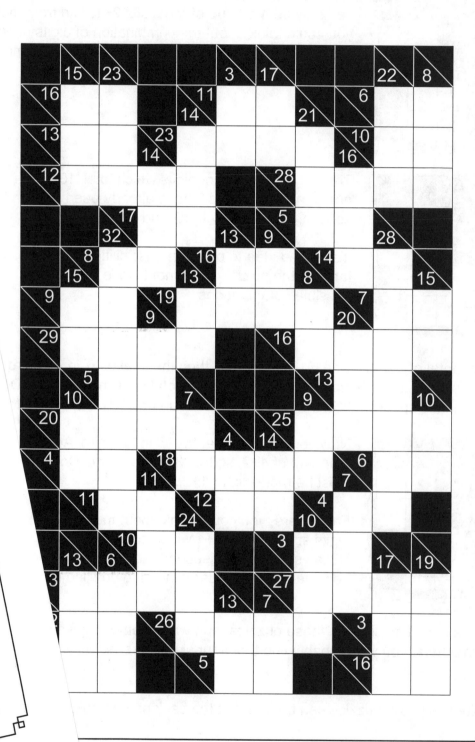

No 2

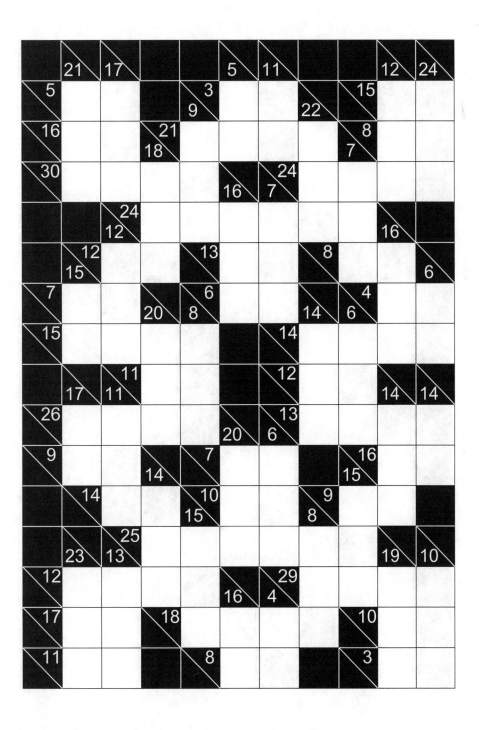

No 3

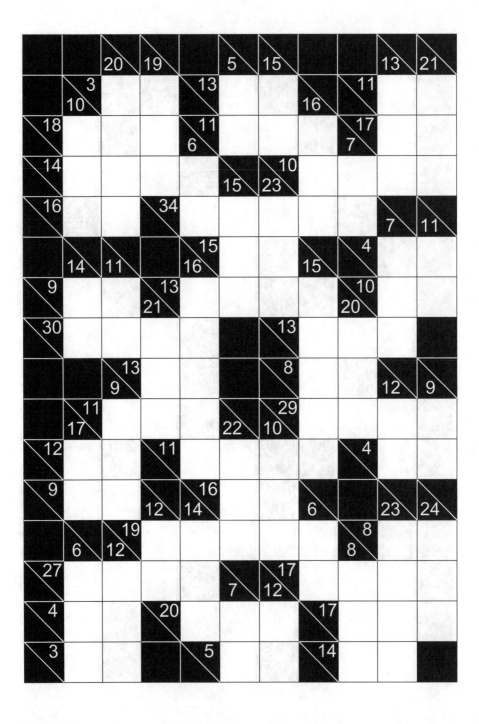

No 4

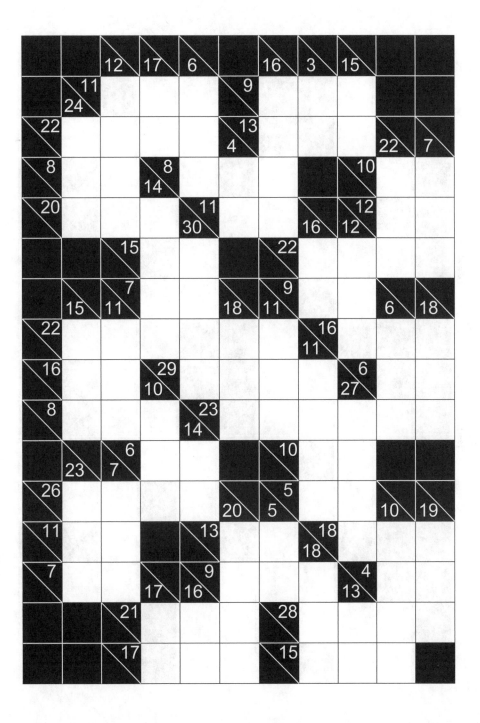

No 5

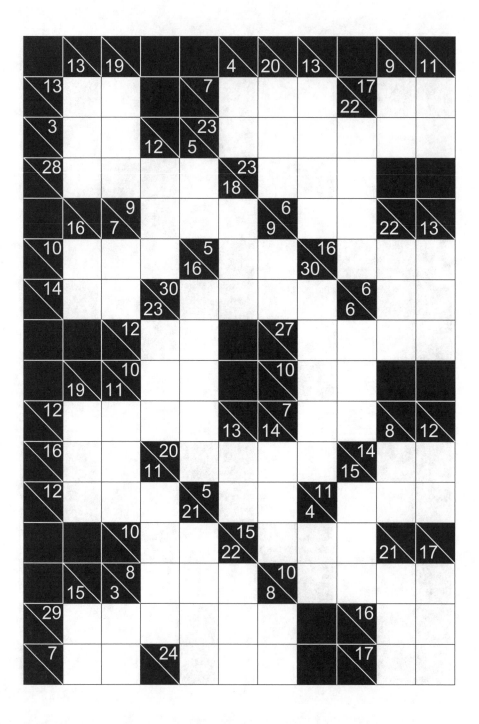

No 6

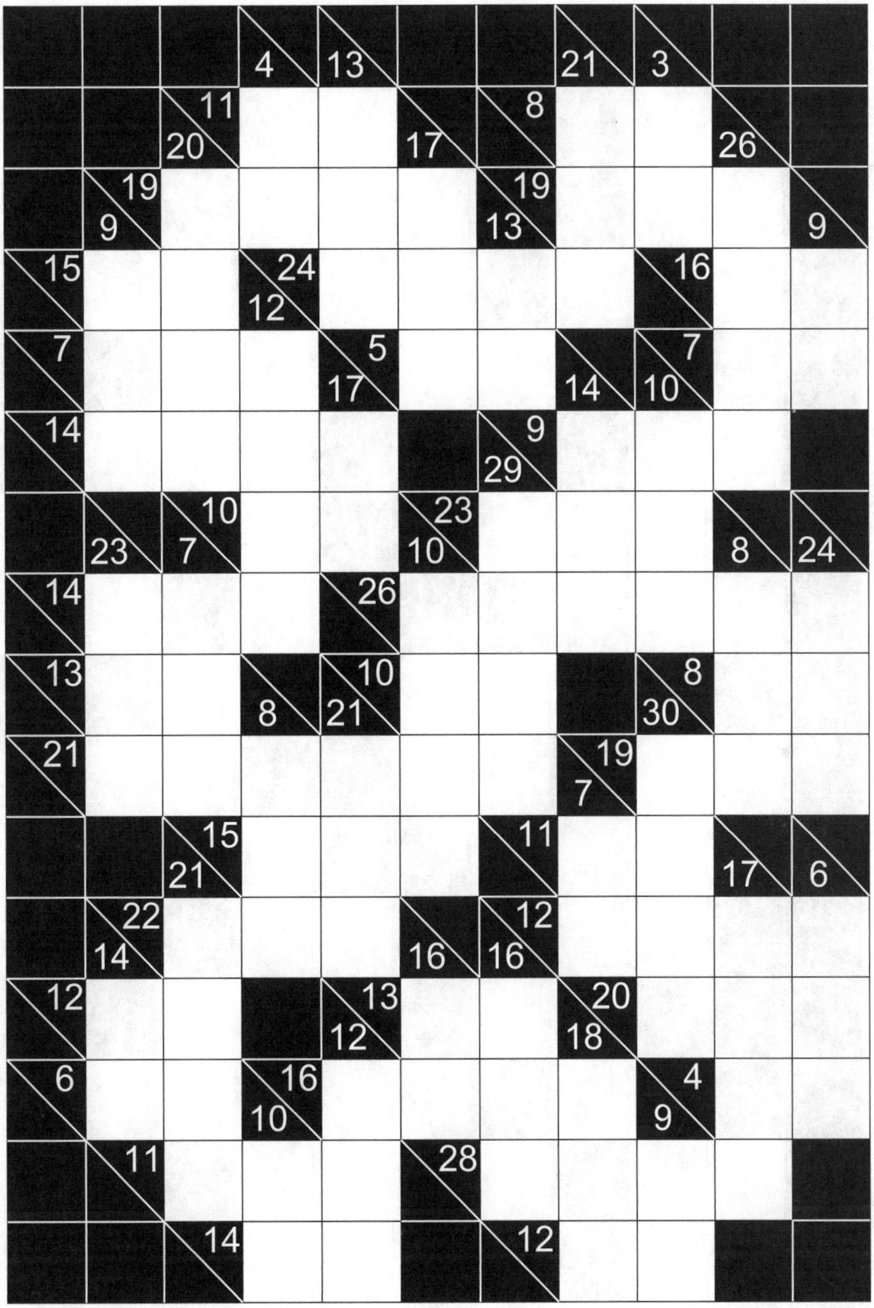
4 13 21 3
11 20 17 8 26
19 9 19 13 9
15 24 12 16
7 5 17 14 7 10
14 9 29
23 10 7 23 10 8 24
14 26
13 8 10 21 8 30
21 19 7
15 21 11 17 6
22 14 16 12 16
12 13 12 20 18
6 16 10 4 9
11 28
14 12

No 7

No 8

No 9

14 16 18 11 30 8
9 19 10 17 7 13
26 27 14
3 13 5 4
15 23 10 6 14 12 10
12 19 28
9 11 11 6 22 21
23 9 7
16 18 17 8 5 20
6 36 13
10 16 35 15 7
34 12 17 11 21
6 4 11 4 8
9 7 15 11 13 3
16 12
15 8 5

No 10

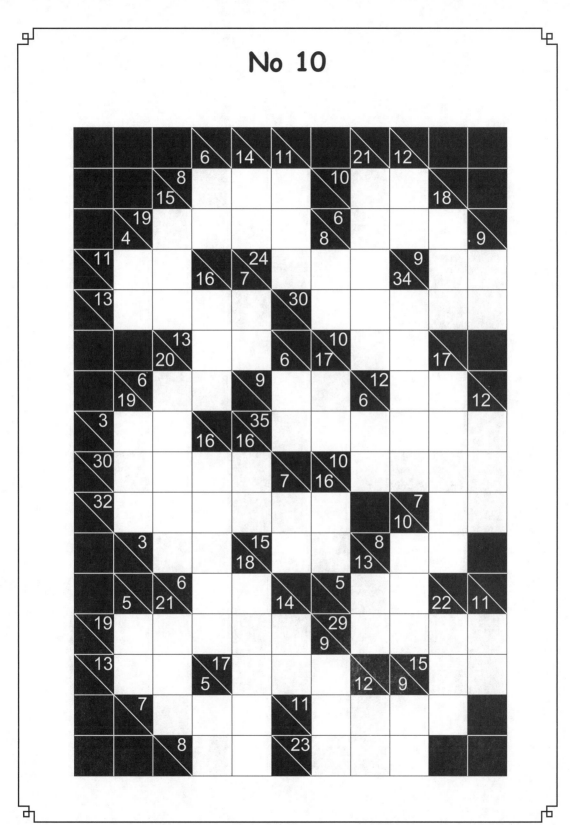

No 11

No 12

No 13

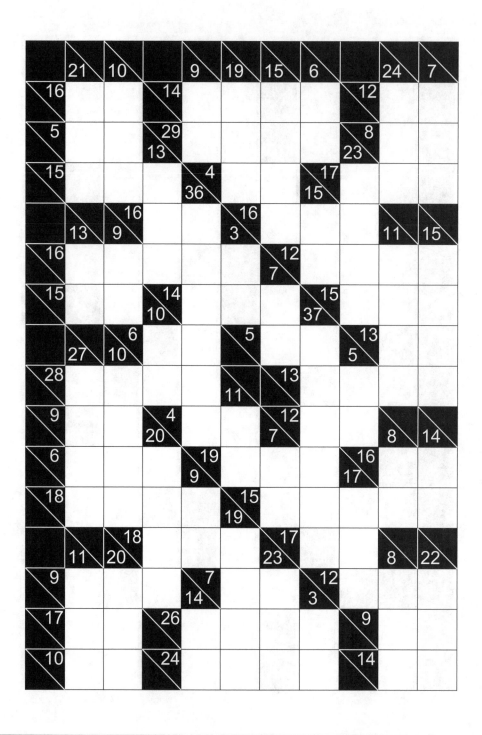

No 14

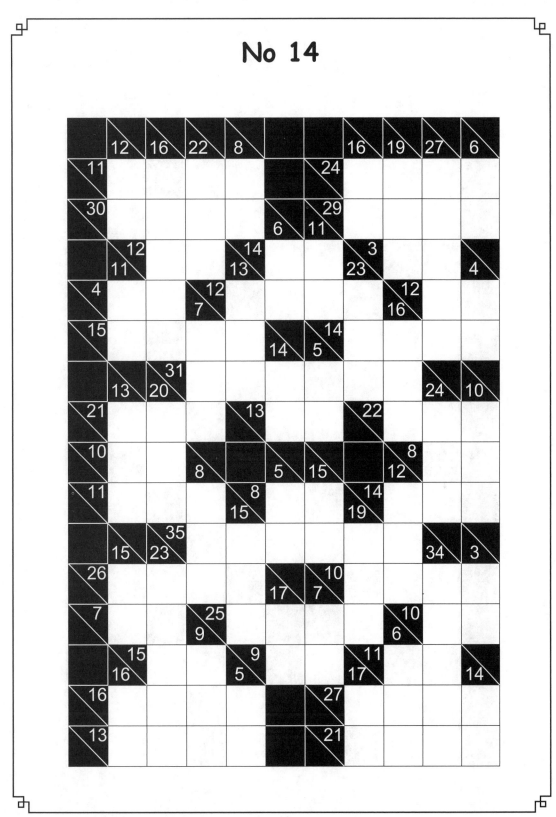

No 15

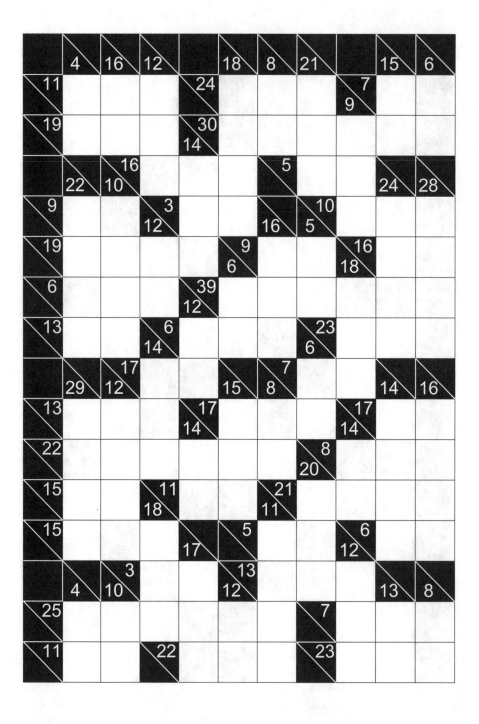

No 16

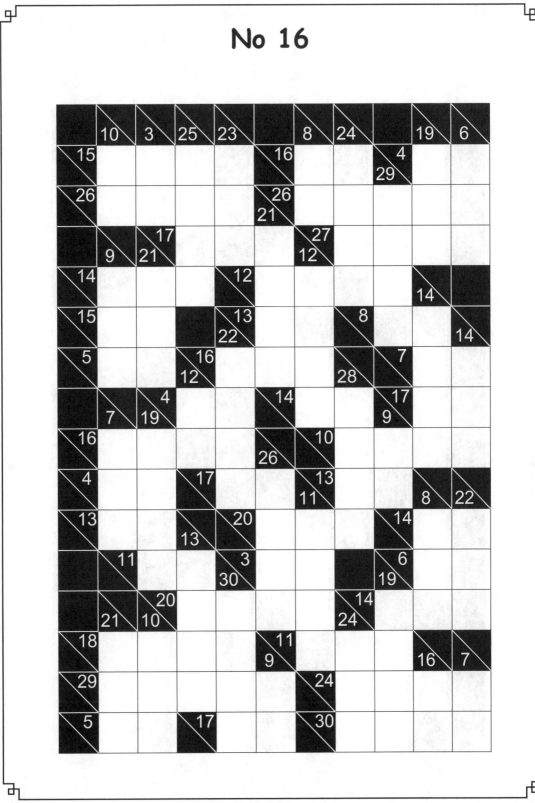

No 17

No 18

No 19

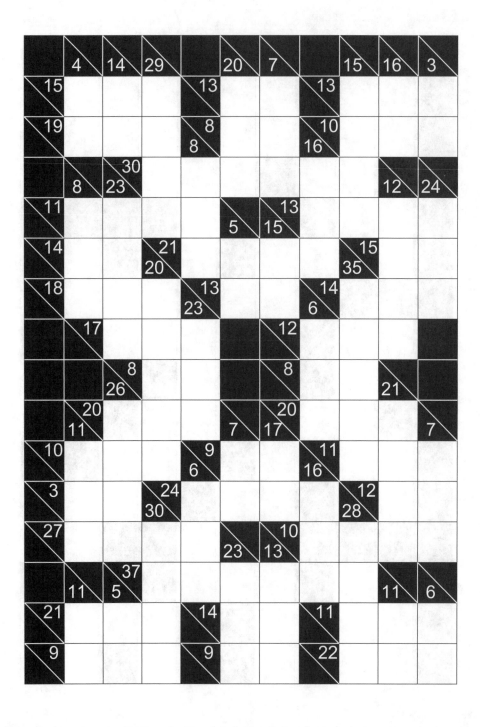

No 20

14 7 11 8 20 15 6
12 24 7
23
14 6 4
9 14
14 27
21 29
7 28
22 17
5 12
6 34 14 7
14 23 16
18 17
18 11
15
8 13 14
15 17 11
29 28
10 20
5 24 3
8
22 12
30 13 16 19
22 4
17 10 9
12 15
4 3
16 13 15
6 11 15

No 21

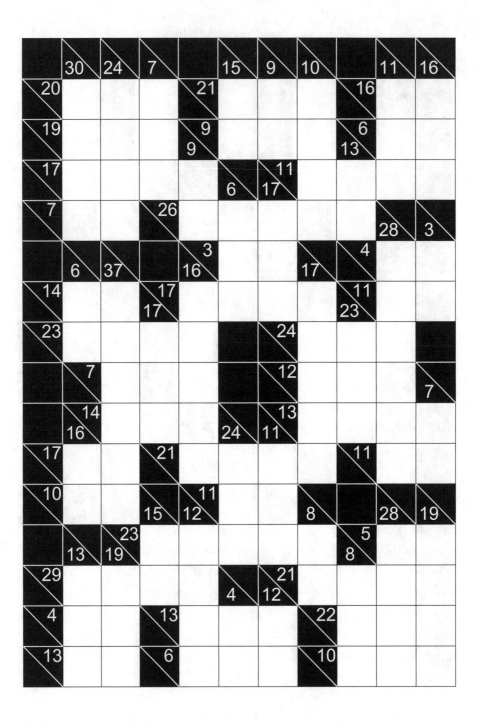

No 22

13 6 6 14 14
5 16 24 20 23
28 16 17 4
10 7 10 15
14 10 12 15 9 14
18 3 30 11
14 7 29 16 20 13
19 38 10
16 13 23 3 24
21 21 3
27 8 12 19
11 13 25 20 15 10
18 8 8 11
4 17 13 11 5 9
13 10
22 17

No 23

■	■	24\	15\	■	■	14\	16\	■	10\	29\
■	6\7			11\	\8			26\10		
\19					16\31					
\14			19\16				\8			
■	\28					9\	23\21			
■	17\	17\11			11\23				19\	3\
\18				\11				12\4		
\9			17\	18\33						
■	6\22				24\	9\7				13\
\38							■	13\5		
\3			25\10				16\17			
■	27\	13\15				11\14			30\	■
\17				■	6\12					8\
\23				4\20				3\10		
\16						\17				
\9			\4			■	\10			■

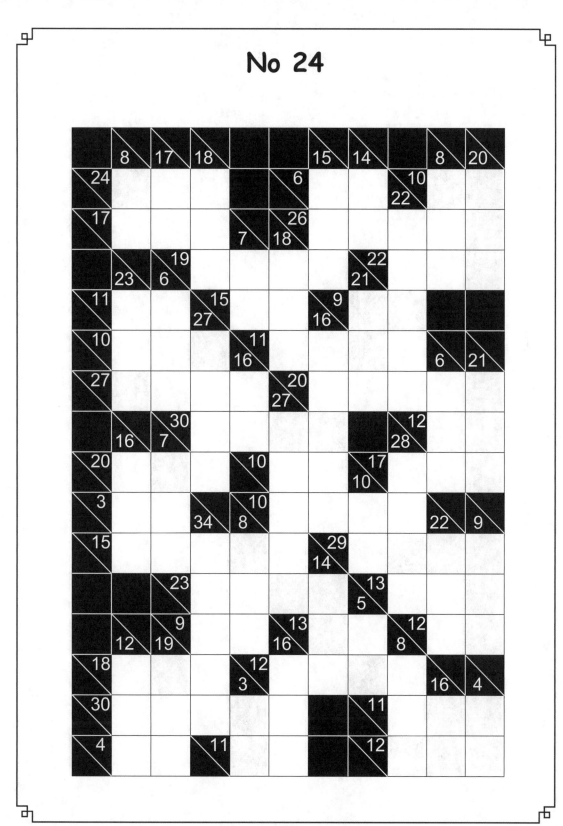

No 25

No 27

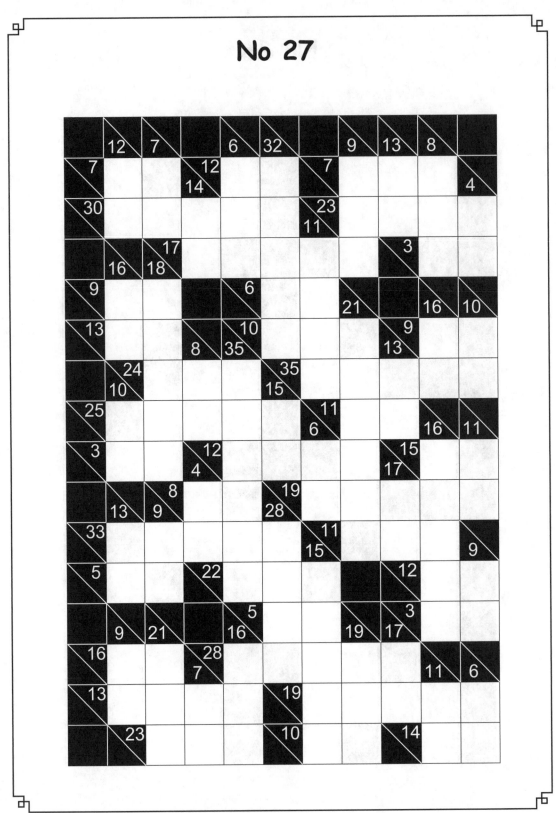

No 28

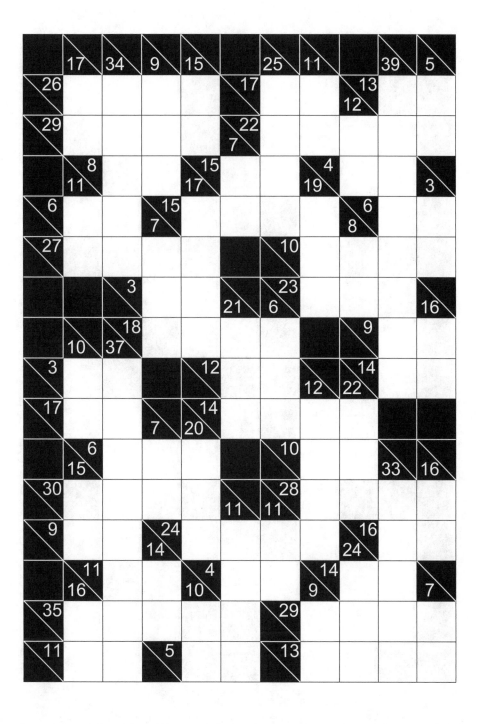

No 29

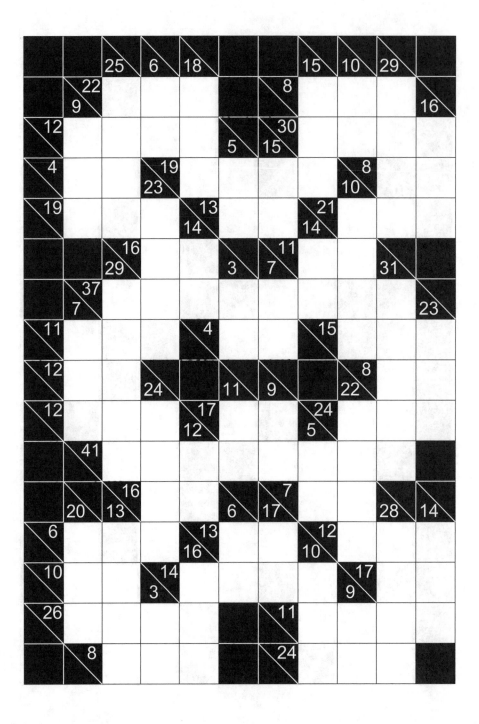

No 30

No 31

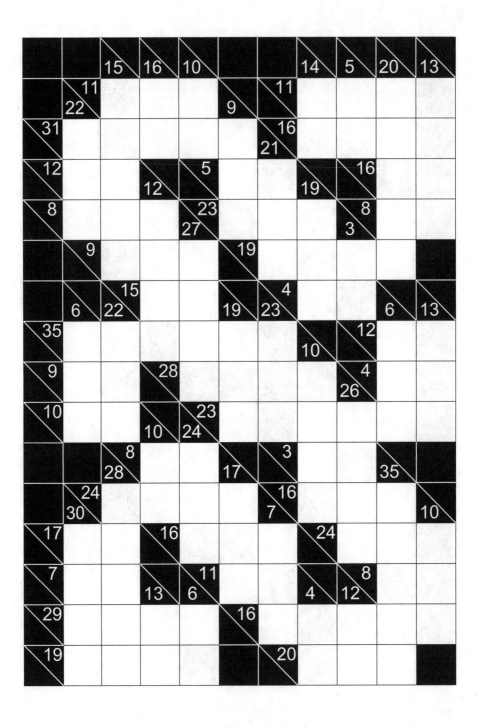

No 32

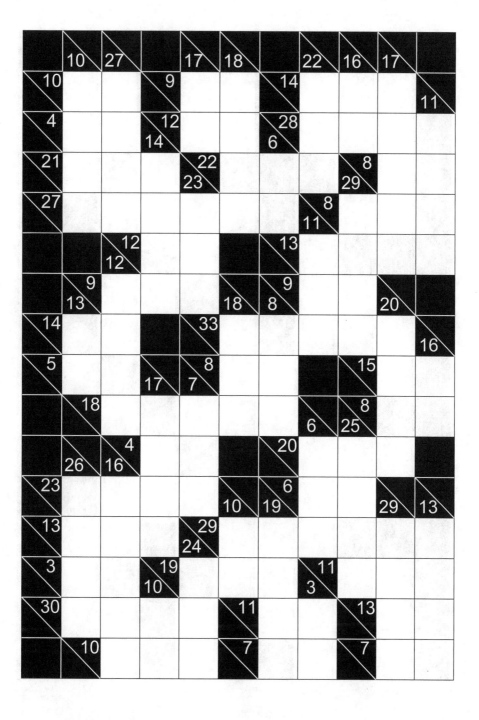

No 33

No 34

No 35

No 36

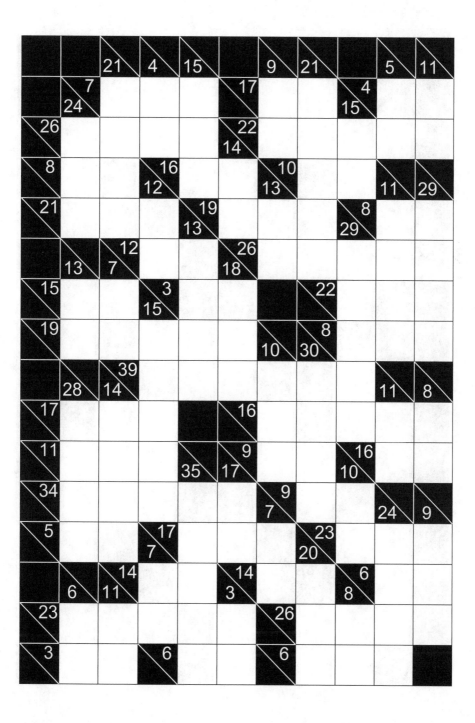

No 37

No 38

No 39

No 40

No 41

No 42

No 43

No 44

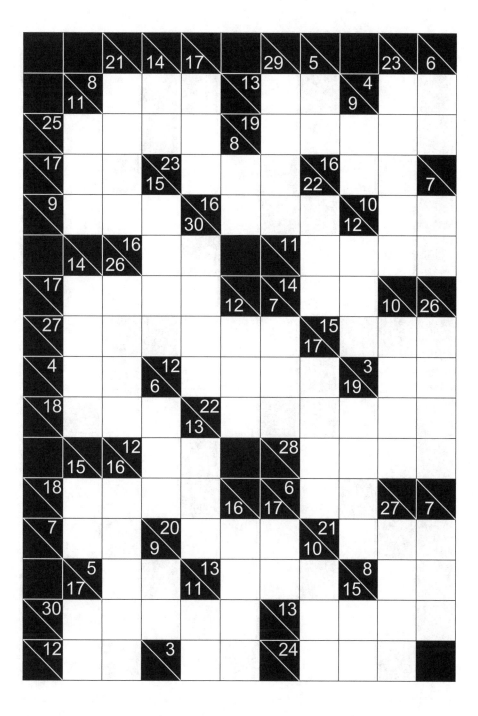

No 45

No 46

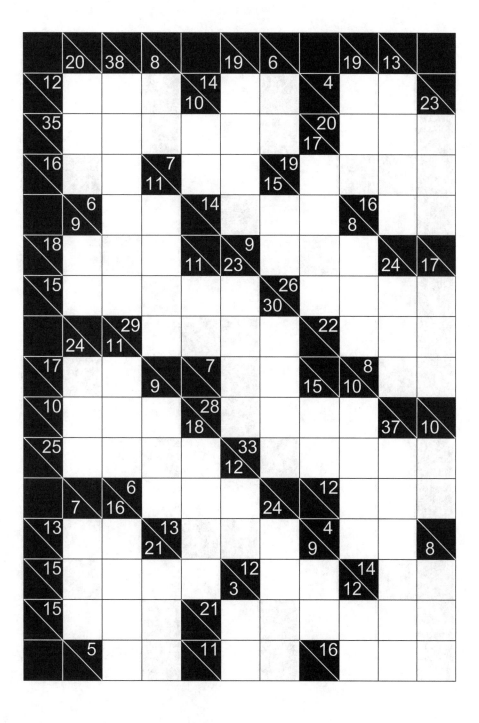

No 47

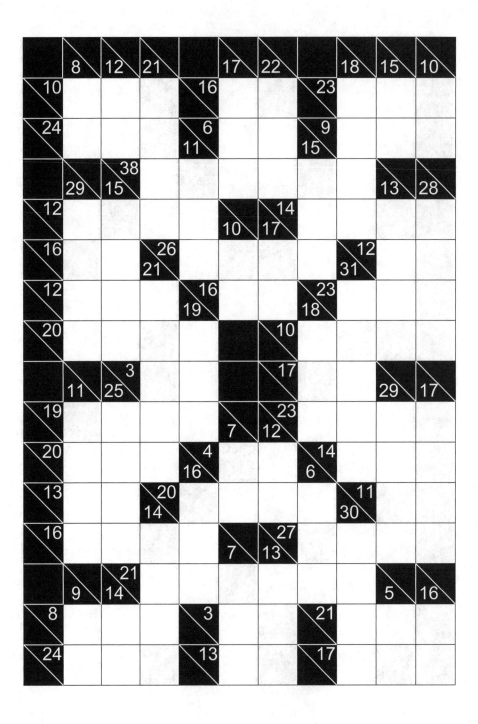

No 48

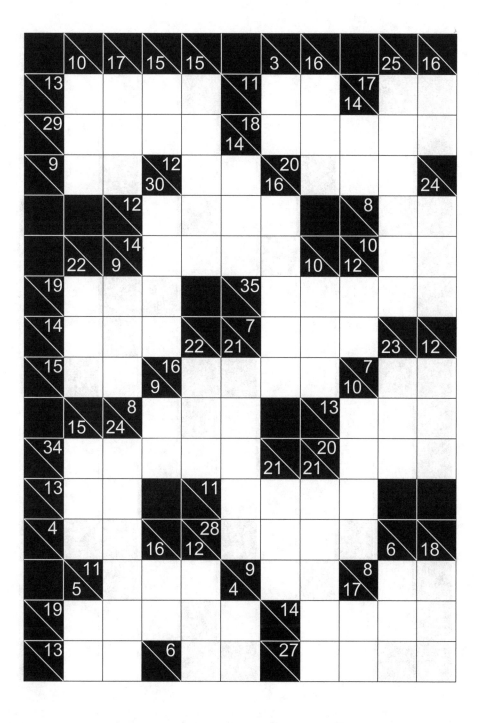

No 49

No 50

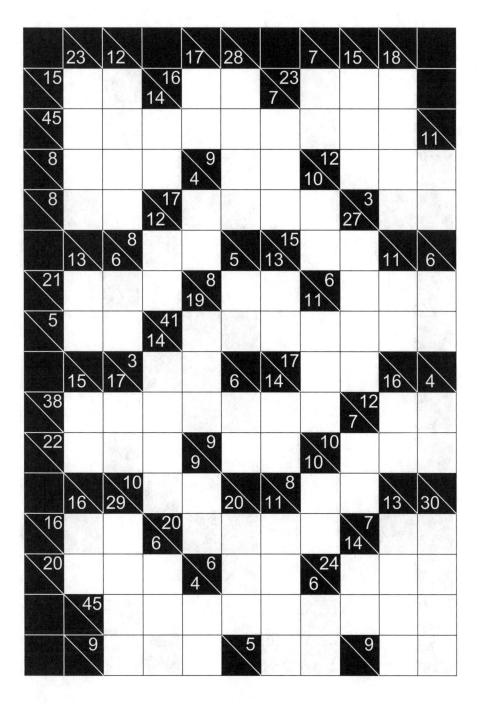

No 51

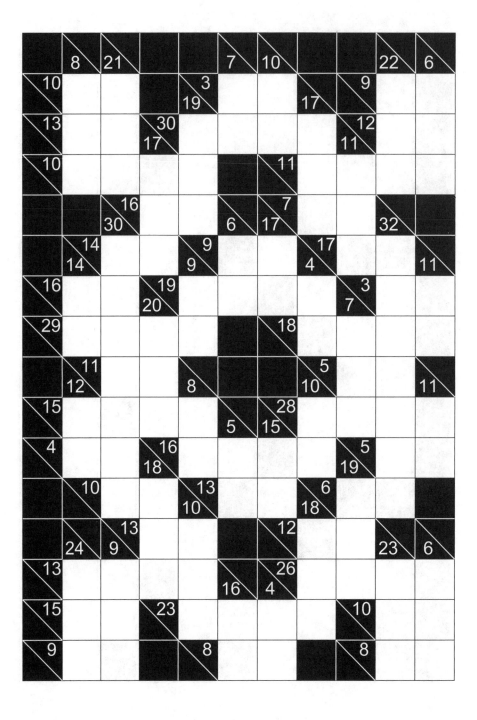

No 52

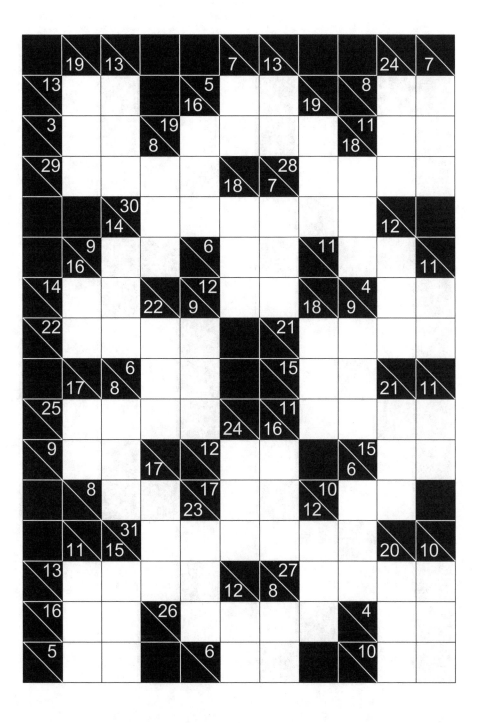

No 53

No 54

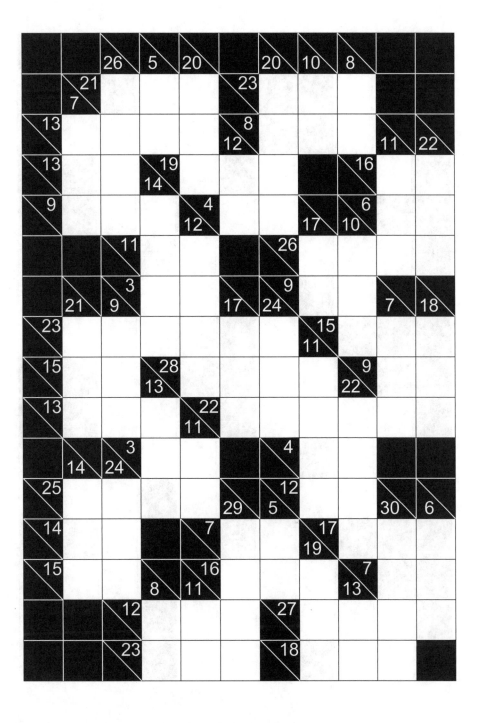

No 55

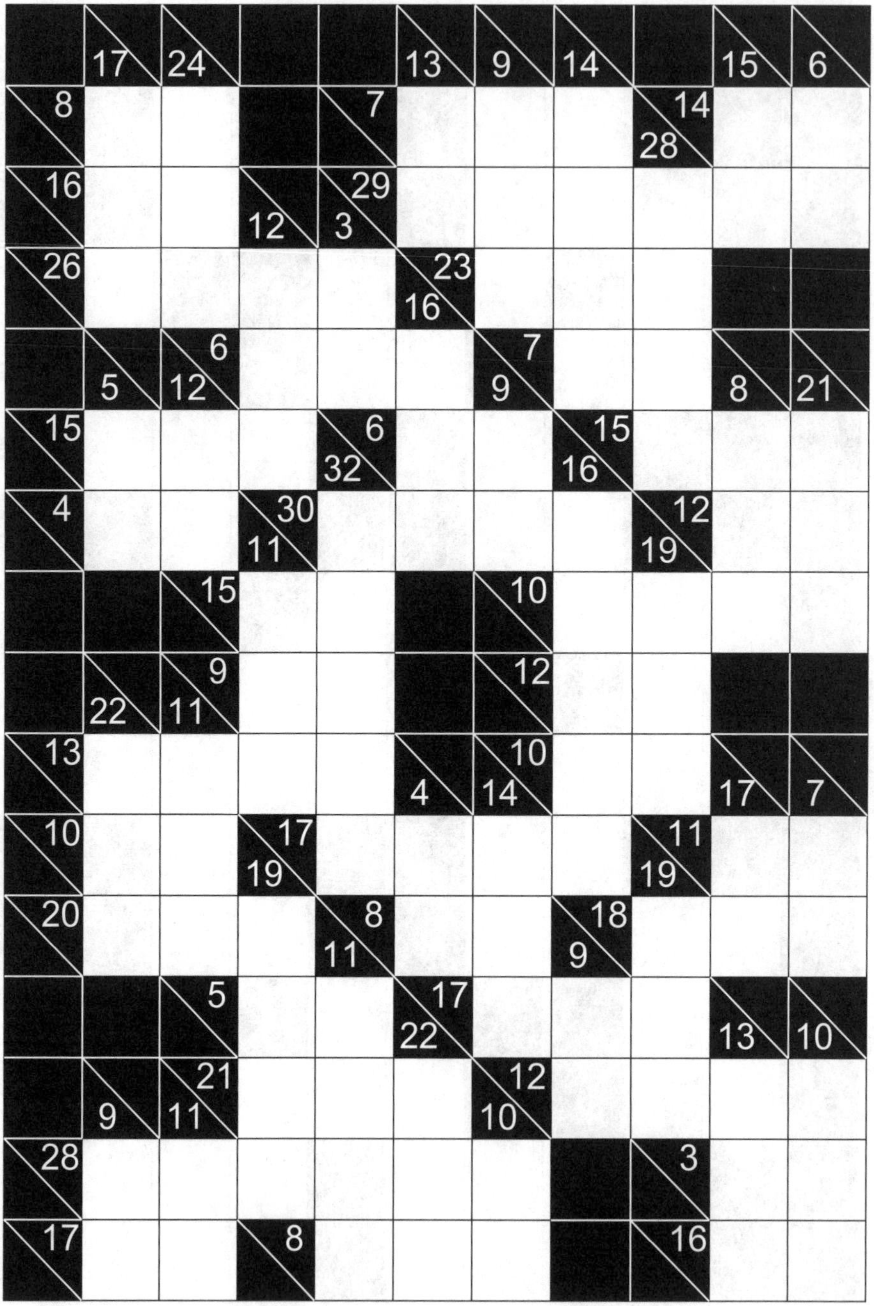

No 56

No 57

No 58

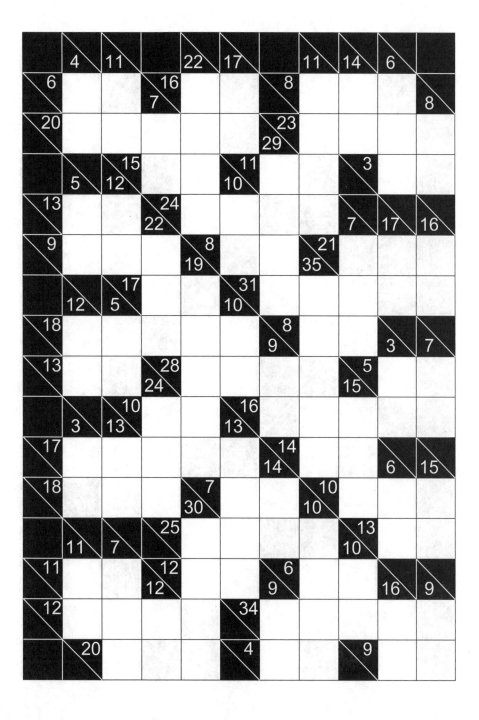

No 59

No 60

No 61

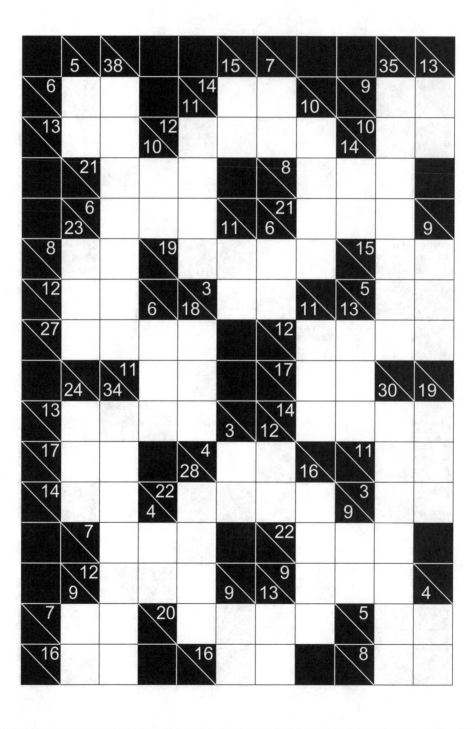

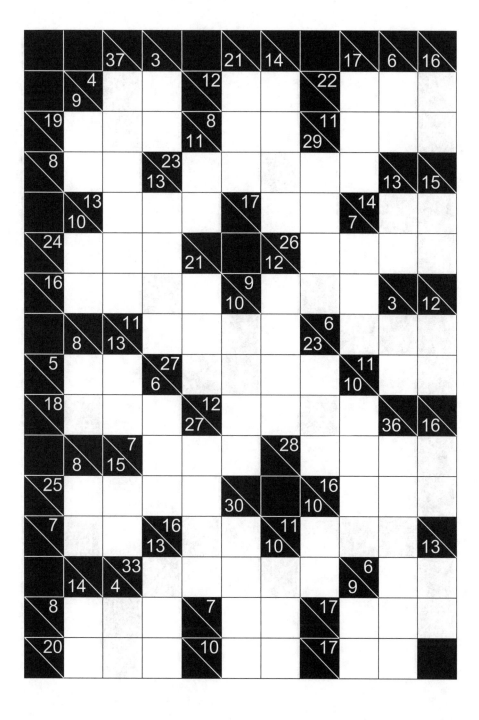

No 63

No 64

No 65

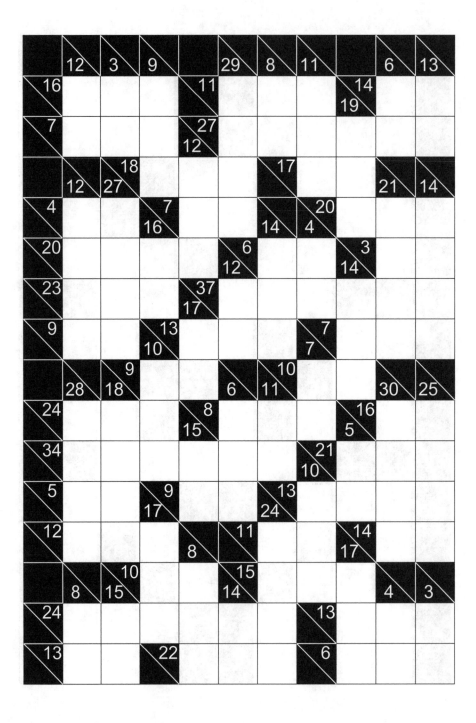

No 66

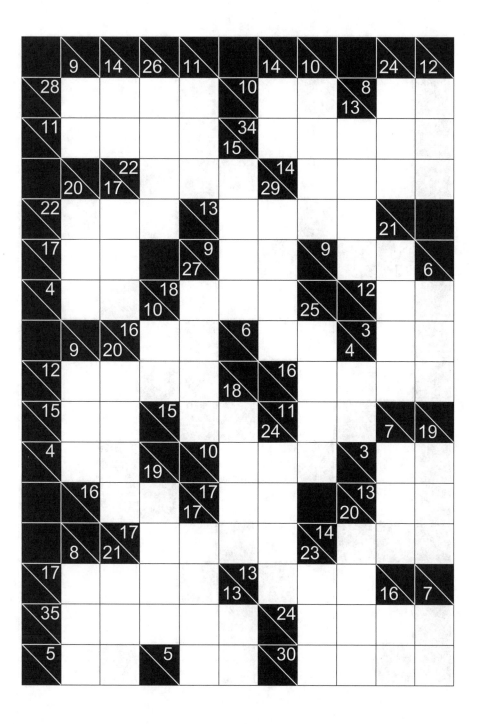

No 67

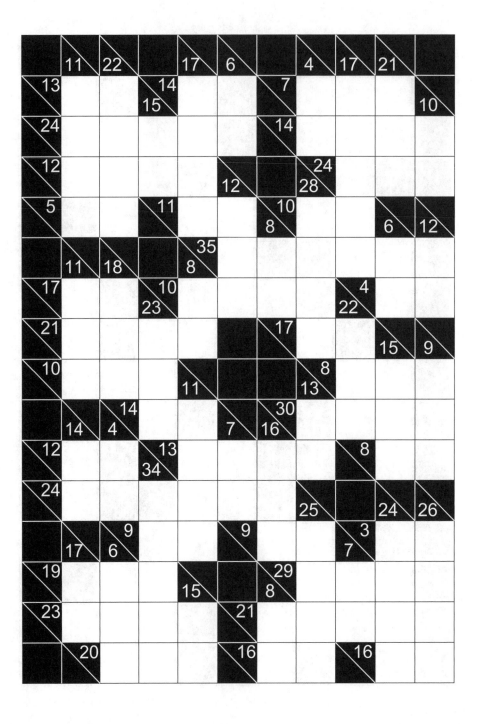

No 68

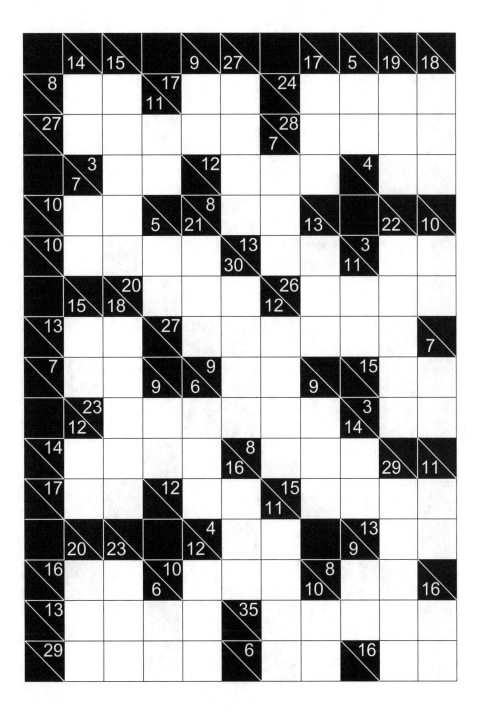

No 69

No 70

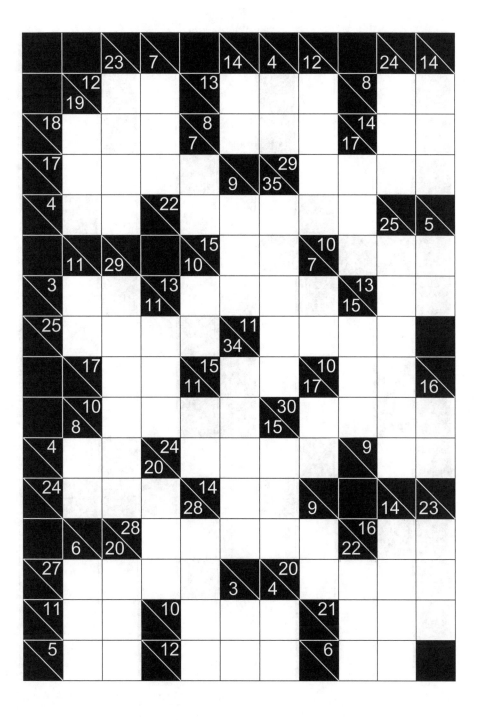

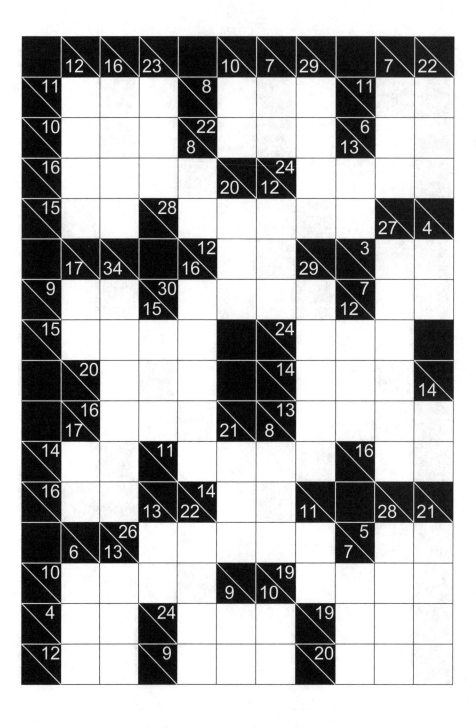

No 72

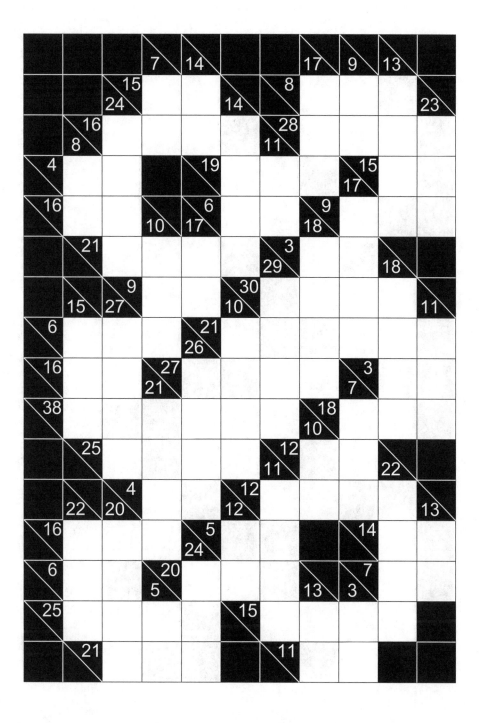

No 73

No 74

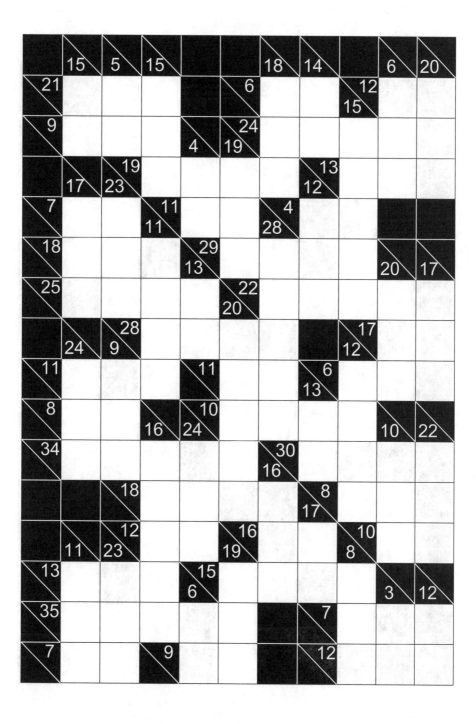

No 75

No 76

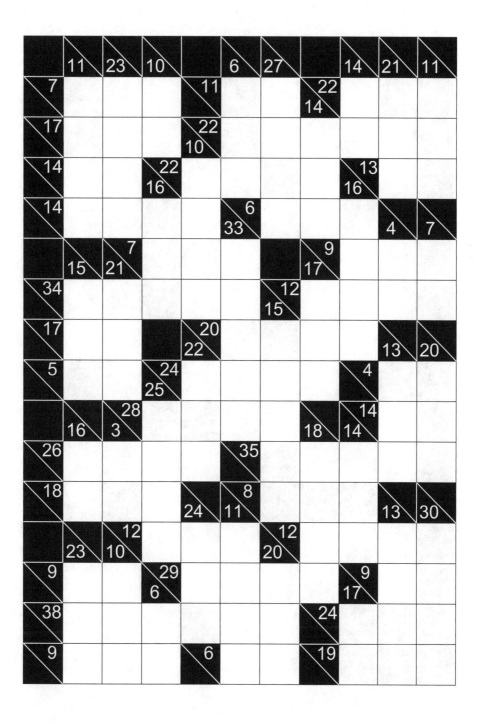

No 77

No 78

No 79

No 80

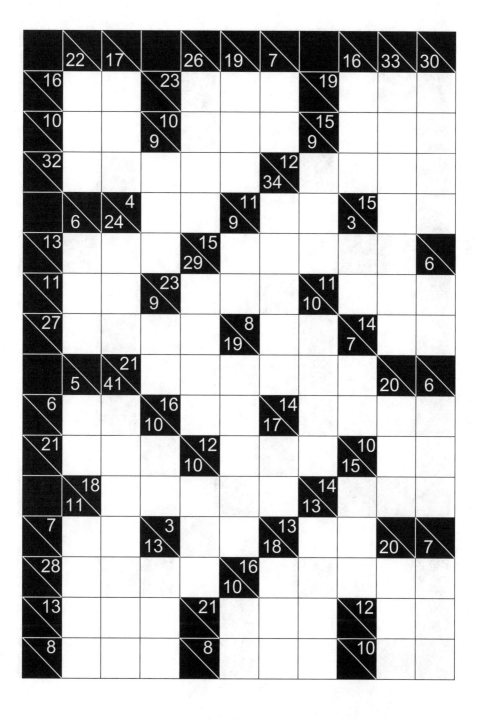

No 81

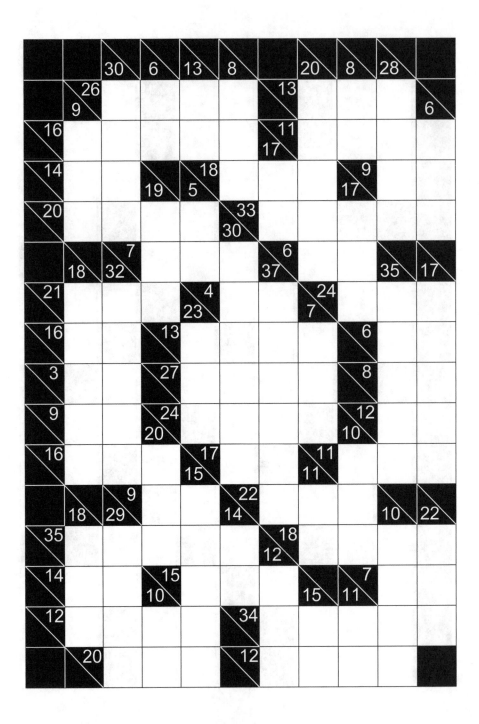

No 82

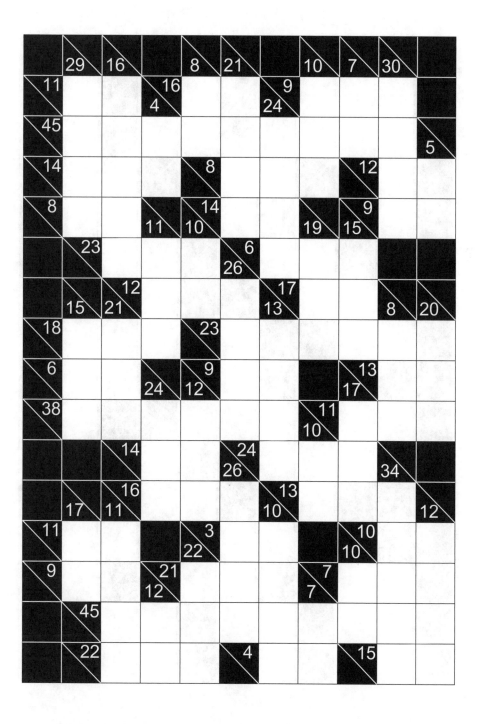

No 83

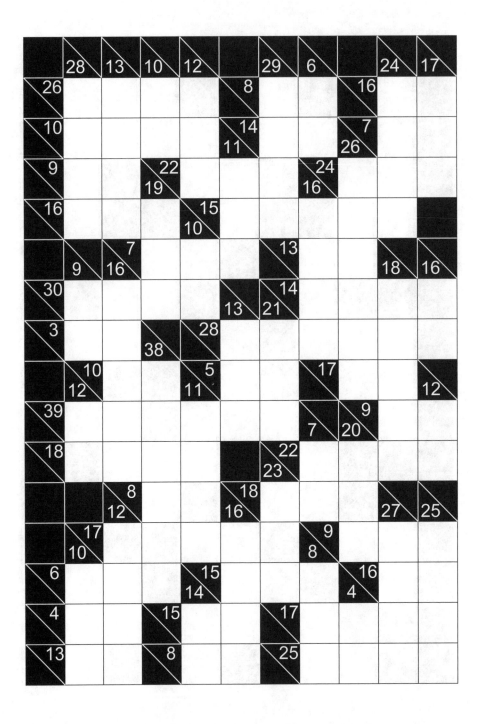

No 84

No 86

No 87

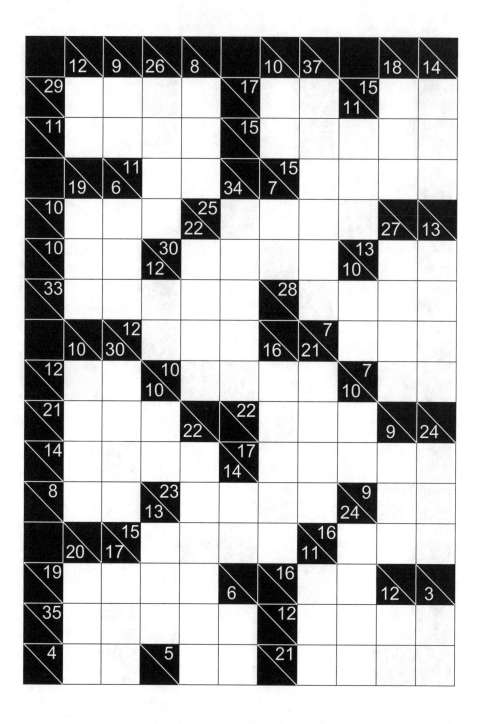

No 88

29 6 17 20 17 13 21
14 7 14 6
33 11 16
7 28 9 12 35
13 12 16
5 10 8 24 30 4 11
32 24 19
3 10 29 11 18
22 7 16 10 8
23 22 14 21
17 18 34 6
18 17 13 17 26 8
15 12 7 20
6 22 17 9 10
27 20
23 25

No 89

No 90

■	5\	18\	23\	■	30\	14\	16\	■	4\	15\
\10				\22				23\8		
\15				\37						
■	15\12			11\10					12\	23\
\7			9\3			■	\10			
\34						19\	6\11			
■	12\	16\6			30\26					
\20				14\27					8\	10\
\11			21\13					8\13		
■	18\	21\29					21\7			
\16						19\7			32\	13\
\20				■	\33					
\19				22\	12\14			10\9		
■	12\	5\28					\4			17\
\22							\24			
\6			\13				\18			

No 91

No 92

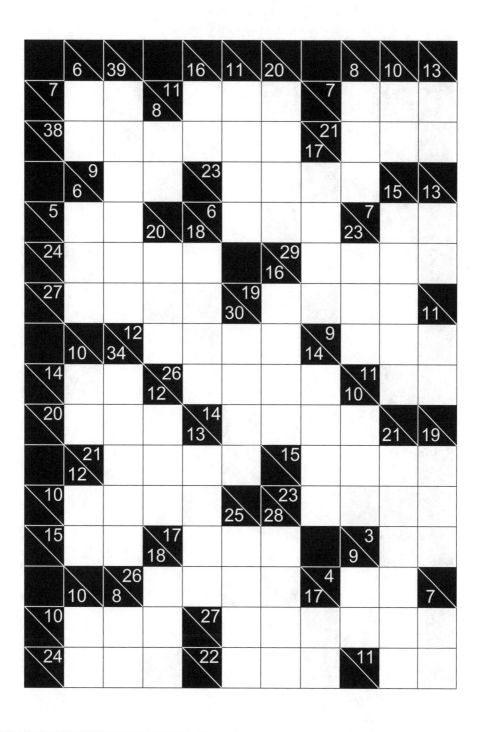

No 93

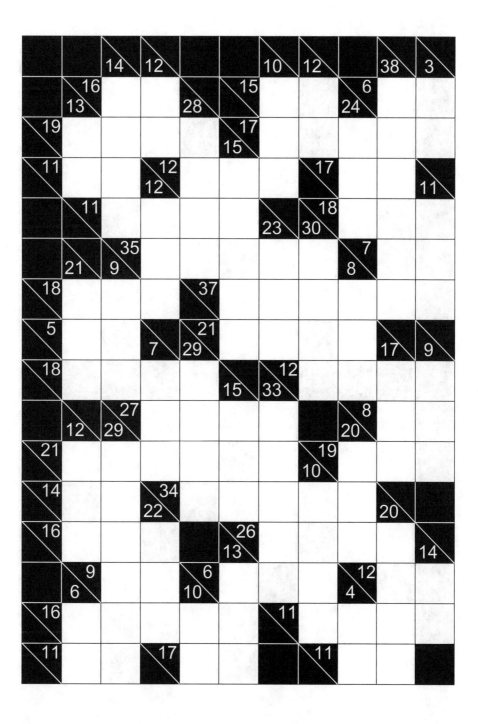

No 95

No 96

No 97

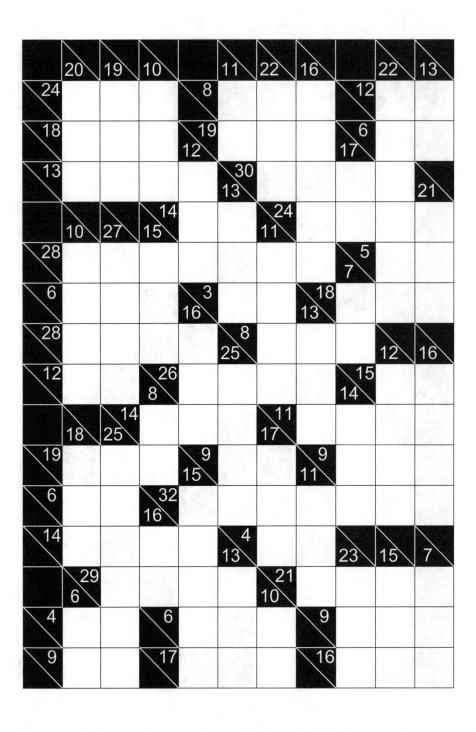

No 98

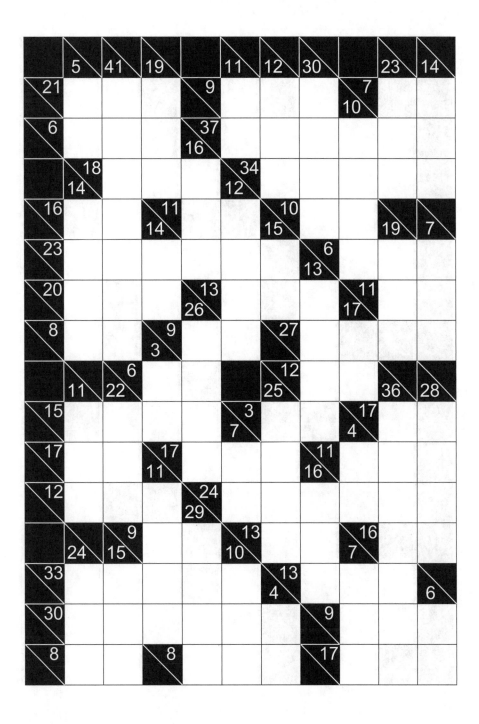

No 99

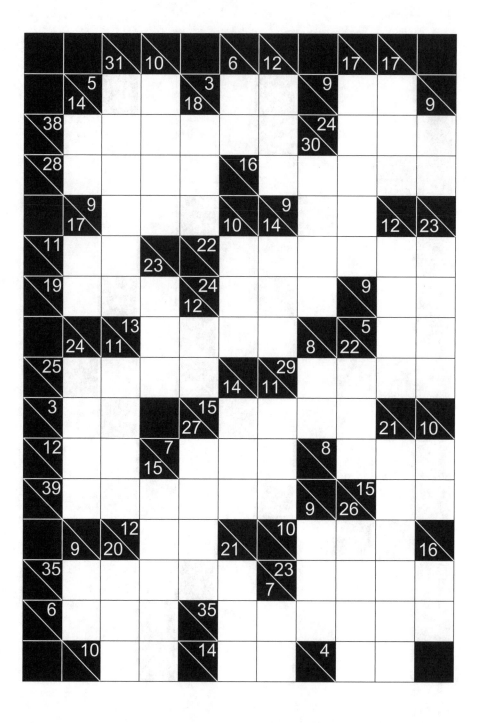

No 100

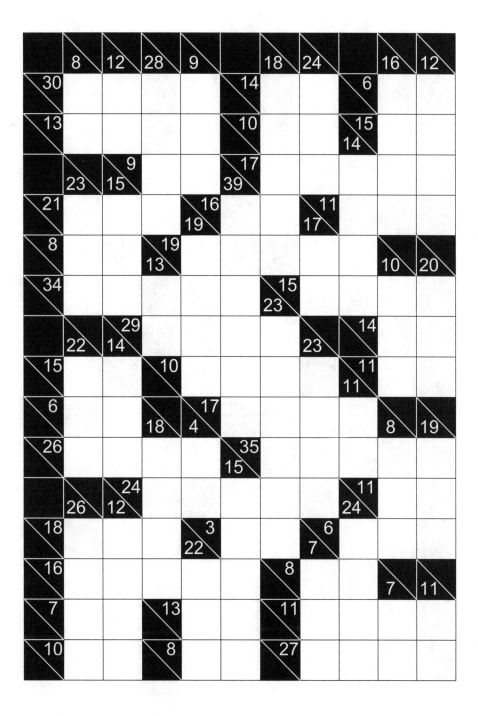

No 101

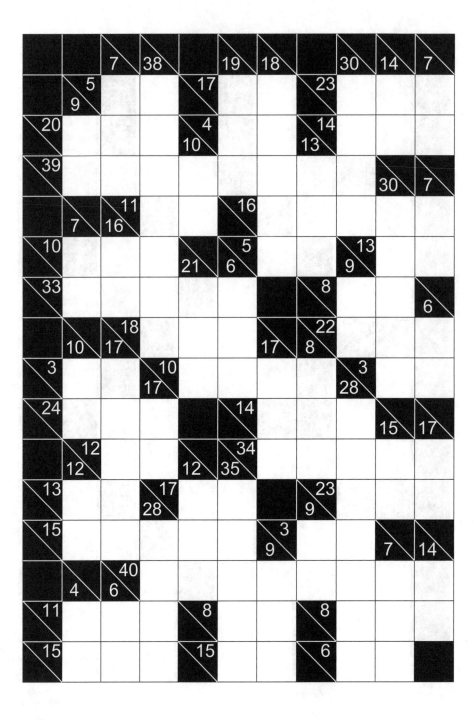

No 102

No 103

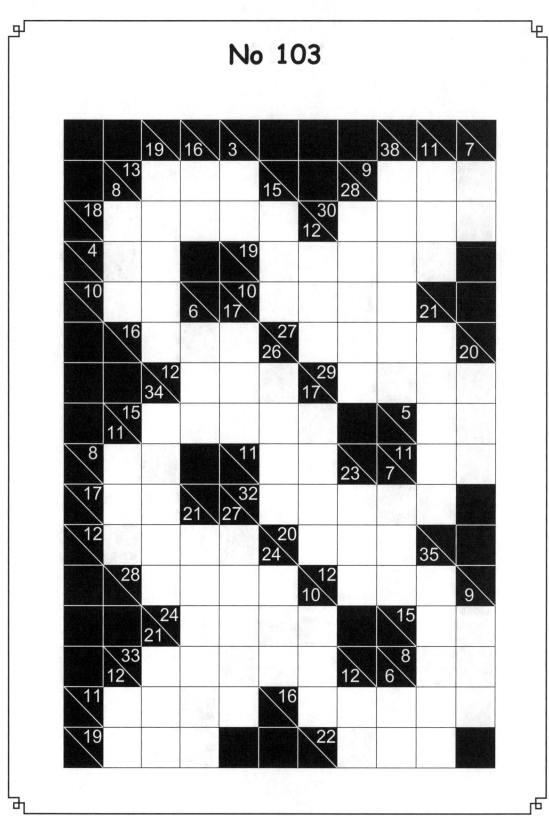

No 104

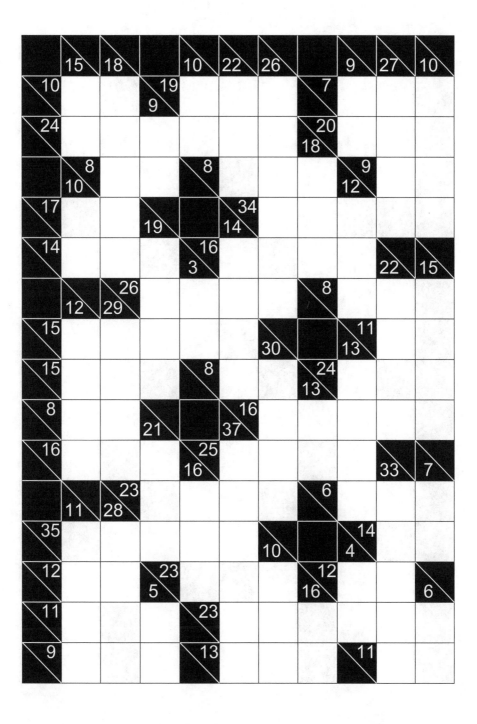

No 105

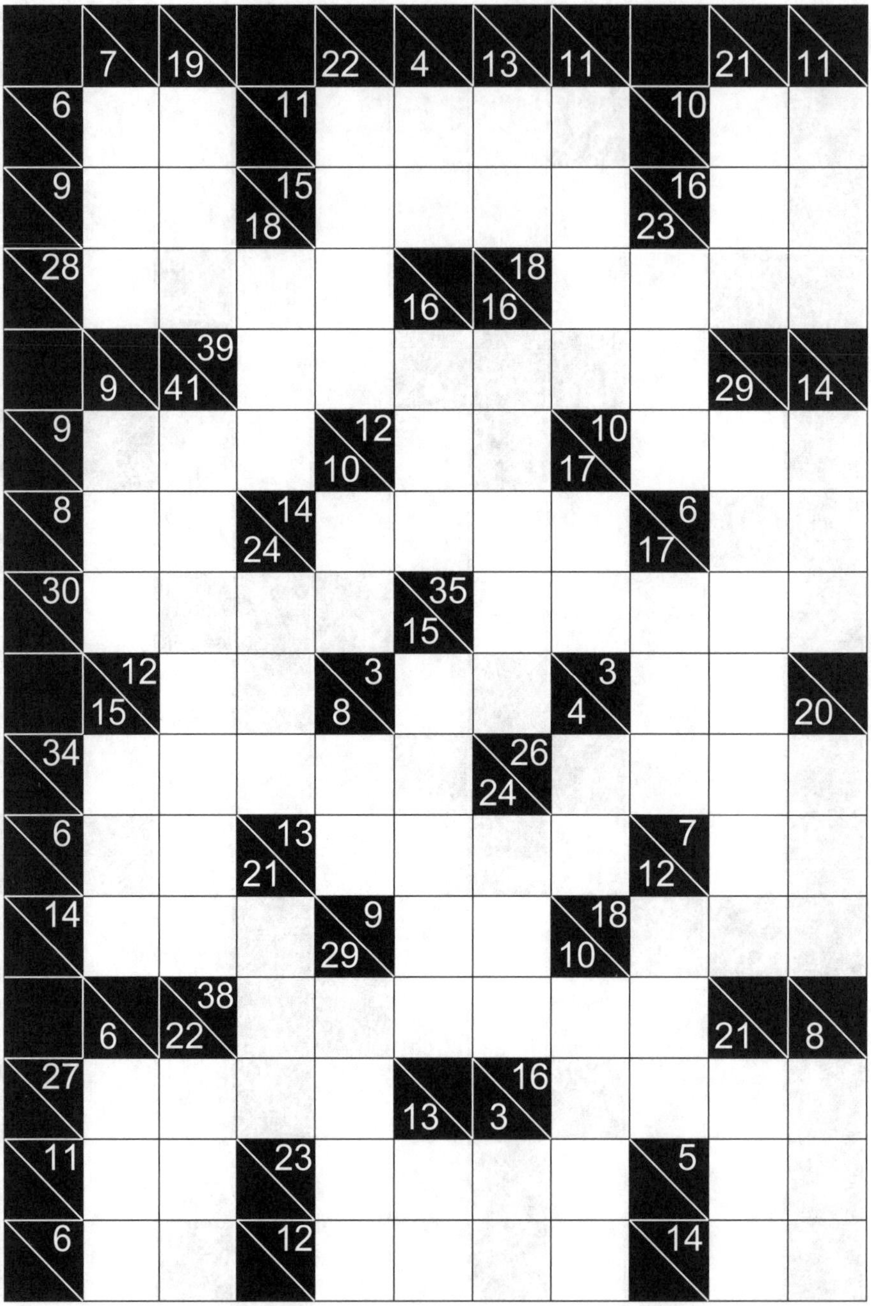
7 19 22 4 13 11 21 11
6 11 10
9 15 18 16 23
28 18 16 16
39 9 41 29 14
9 12 10 10 17
8 14 24 6 17
30 35 15
12 15 3 8 3 4 20
34 26 24
6 13 21 7 12
14 9 29 18 10
38 6 22 21 8
27 16 13 3
11 23 5
6 12 14

No 106

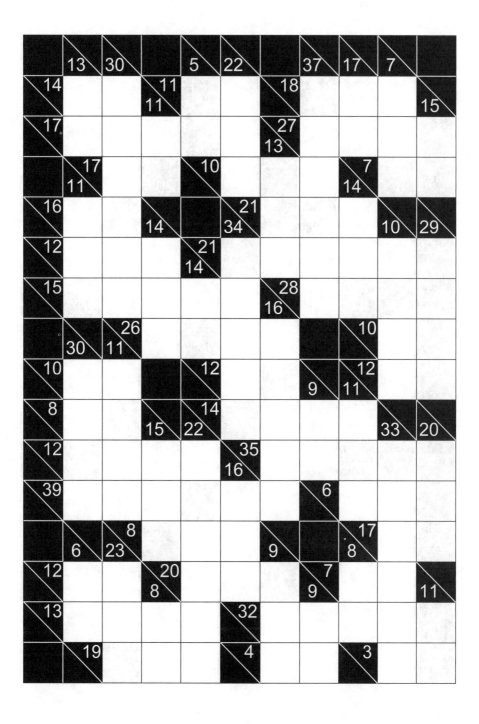

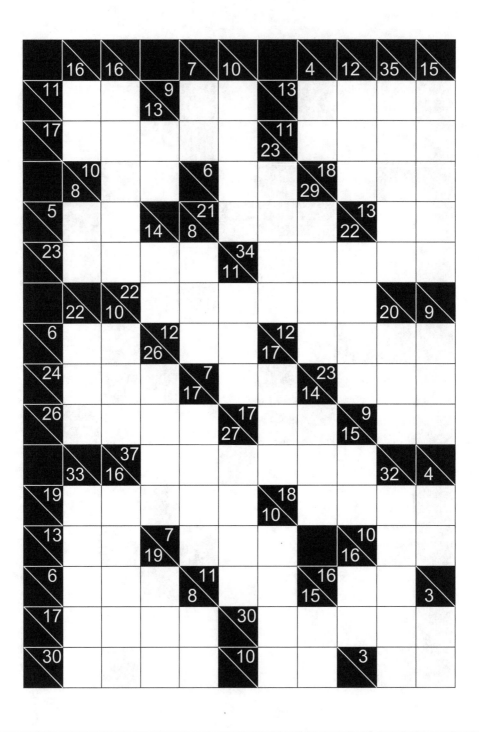

No 108

No 109

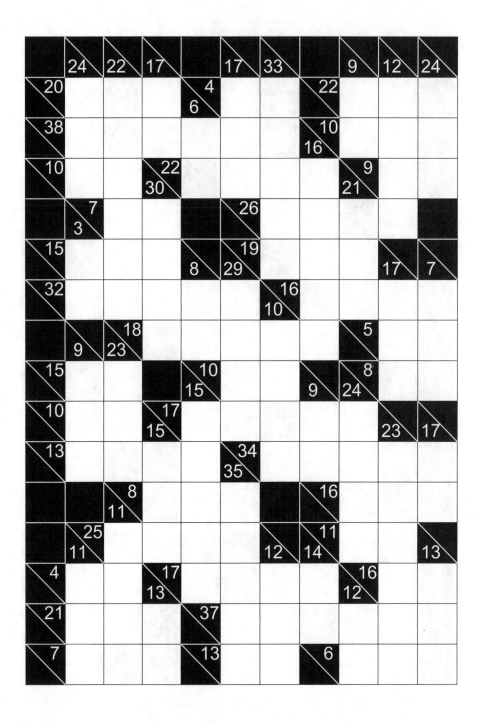

No 110

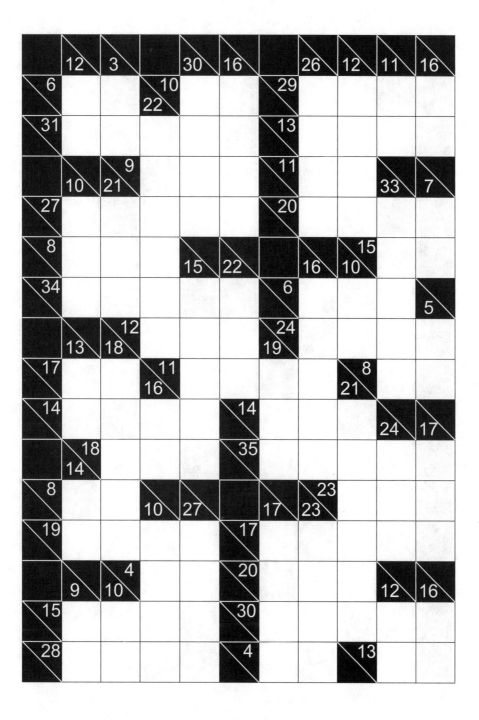

No 111

No 112

No 113

No 114

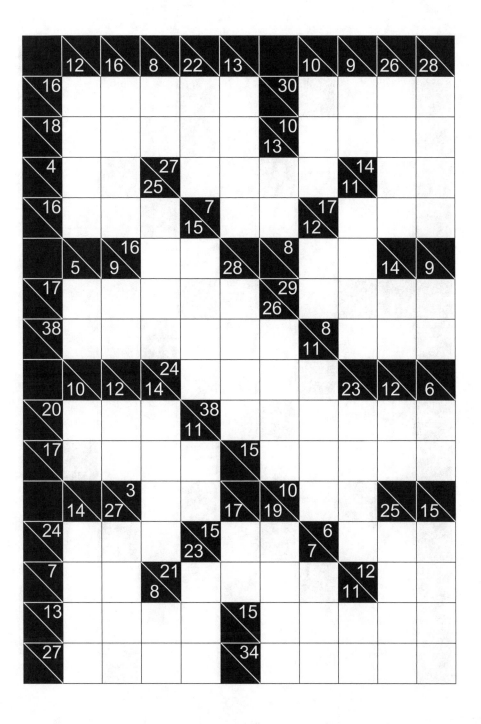

No 115

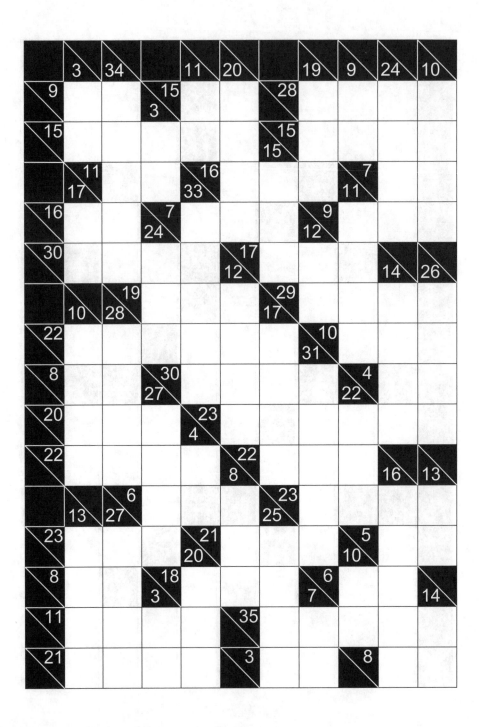

No 116

No 117

No 118

No 119

19 12 10 23 14 15 7
17 11 34 21
33 27 11
4 21 16 10 8
9 12 14 7 14
3 15 15 22
18 9 24
35 11 31 20 6
13 12 6 16
27 29 4 30 30
19 32 9
16 12 17 26 10
14 17 10 8 6
24 11 16 13 5
13 17
10 24

No 120

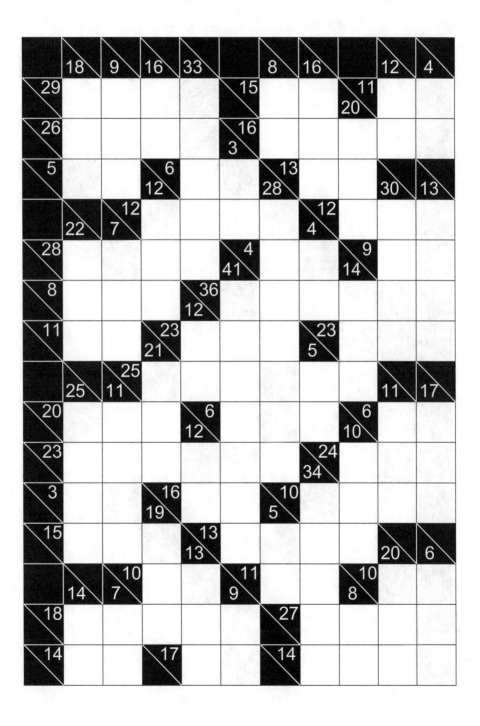

No 121

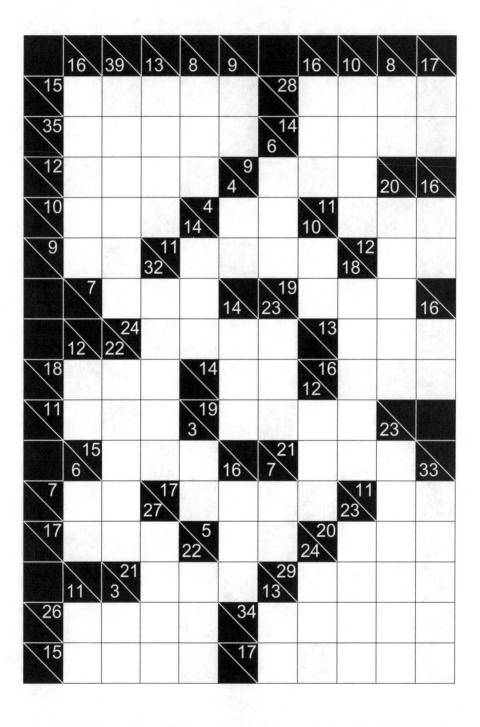

No 122

No 123

No 124

No 125

No 126

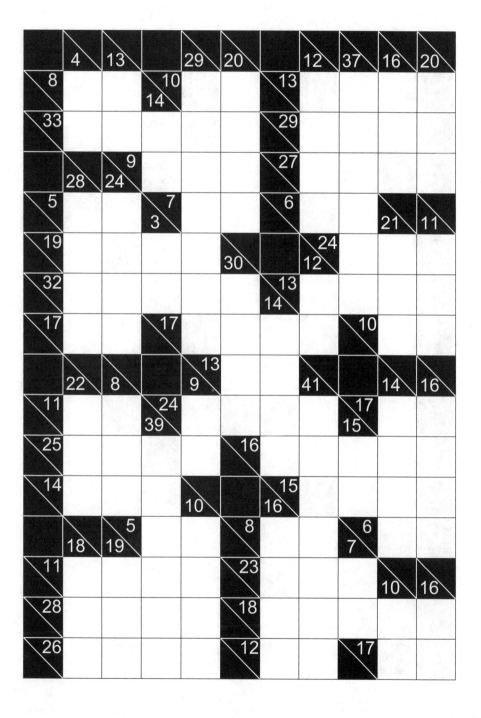

No 127

No 128

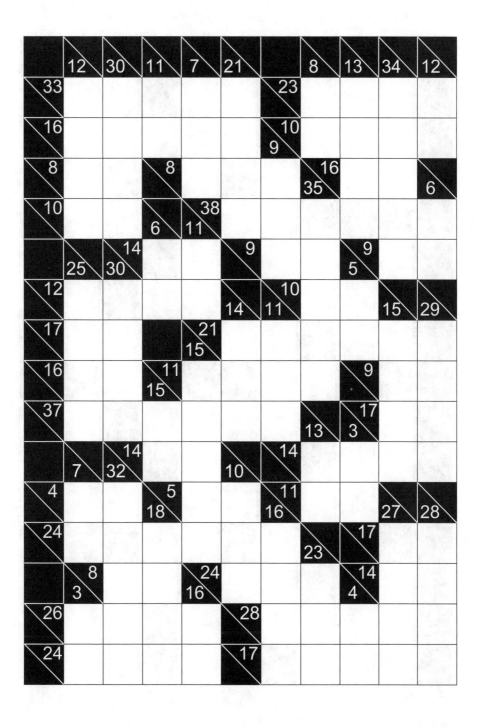

No 129

No 130

No 131

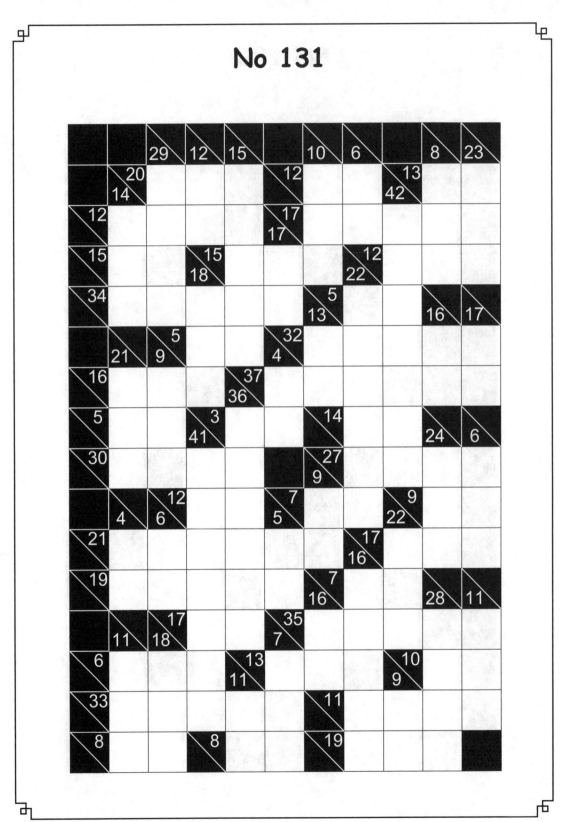

No 132

No 133

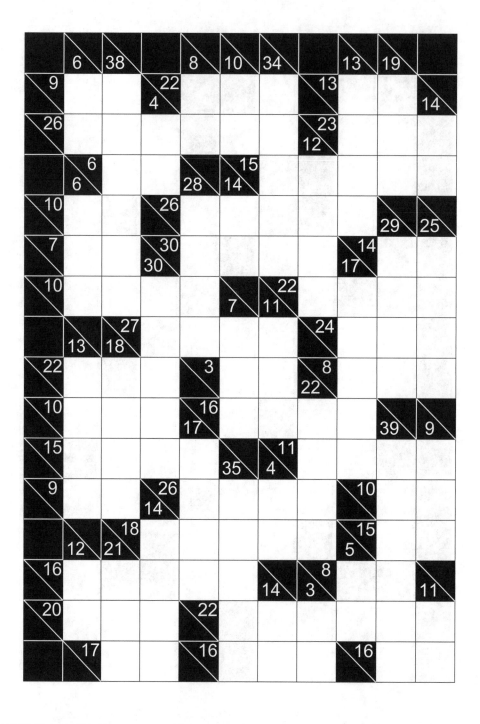

No 134

No 135

No 136

No 137

No 138

No 139

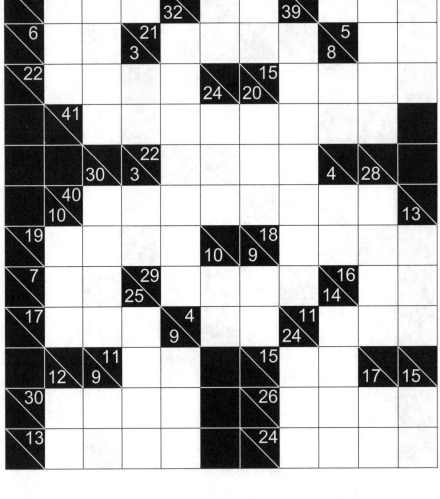

No 140

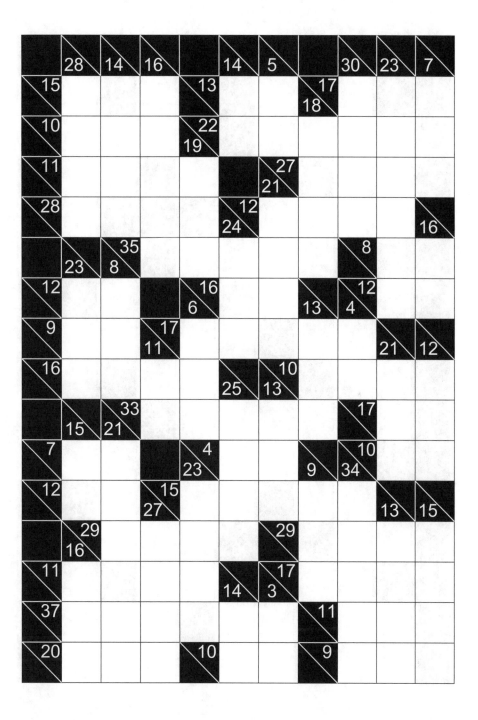

No 141

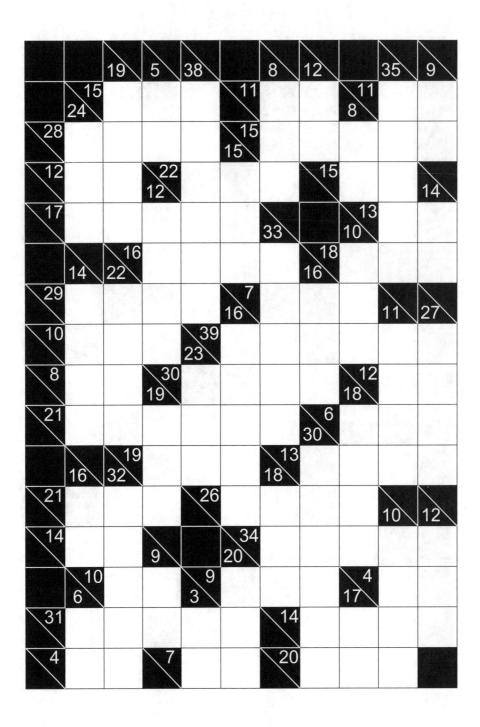

No 142

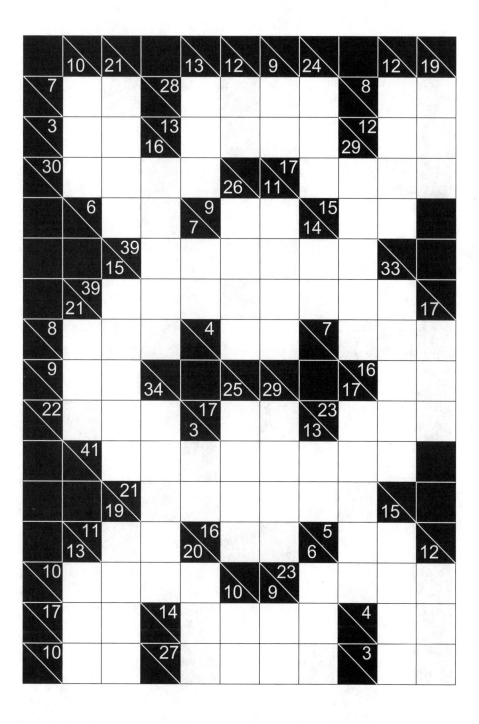

No 143

No 144

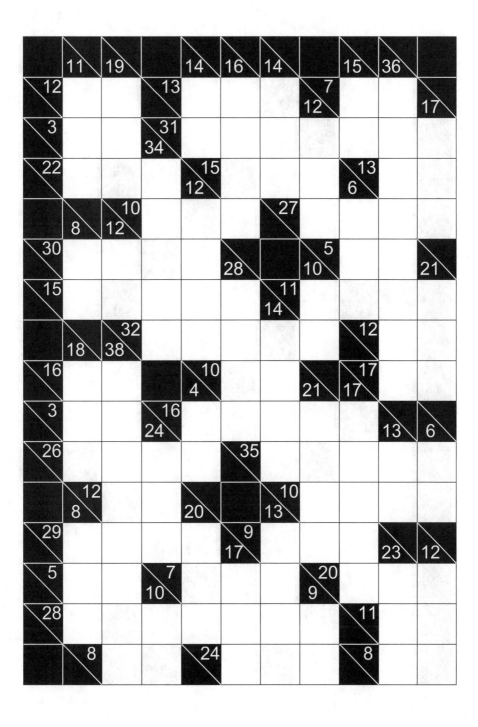

No 145

No 146

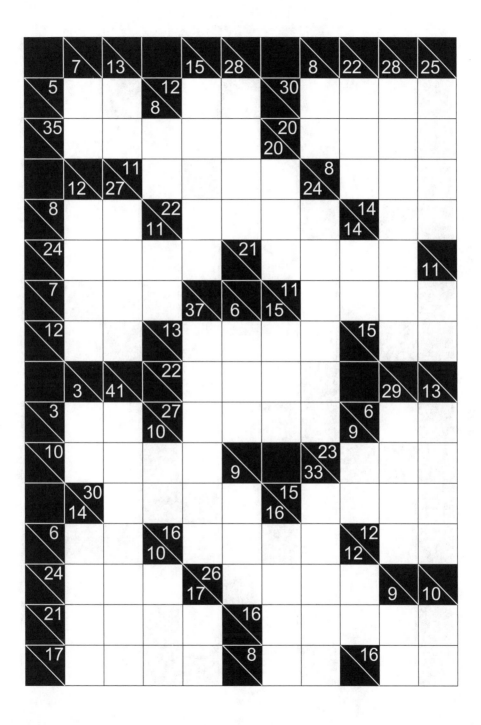

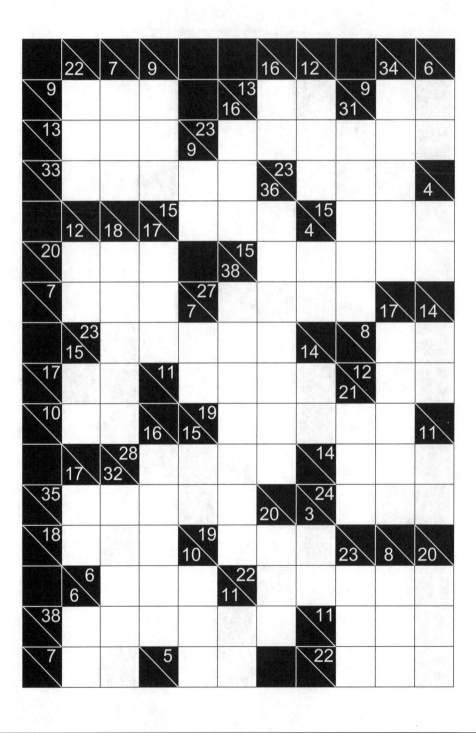

No 148

No 149

No 150

No 151

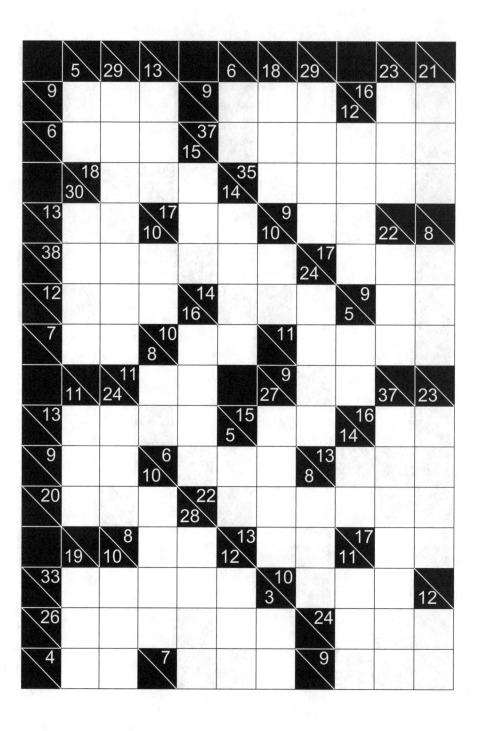

No 152

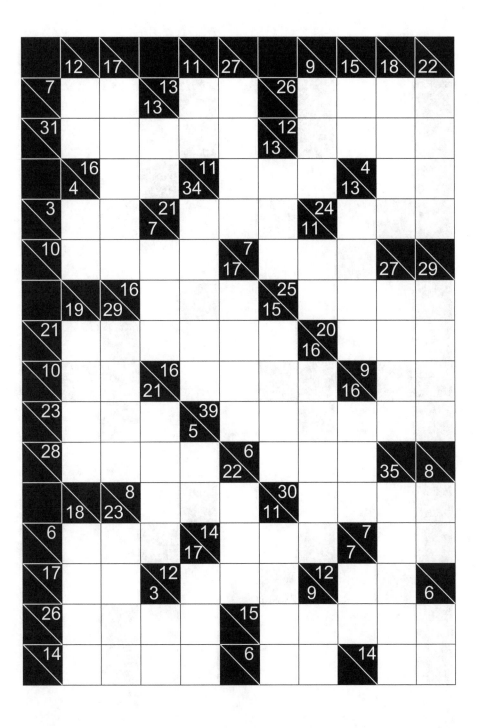

No 153

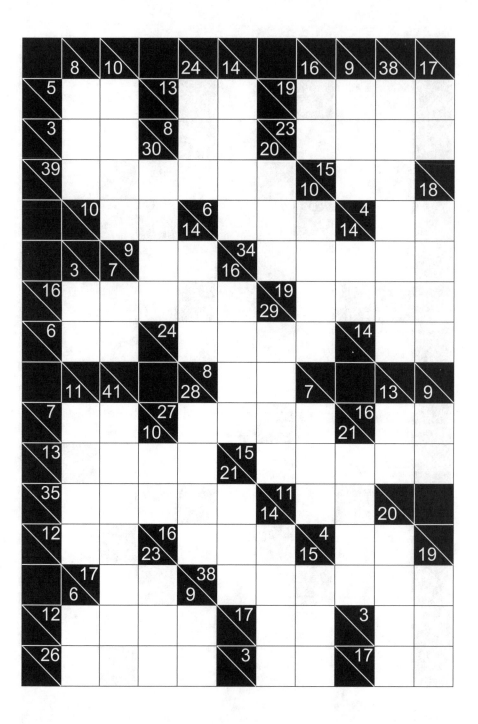

No 154

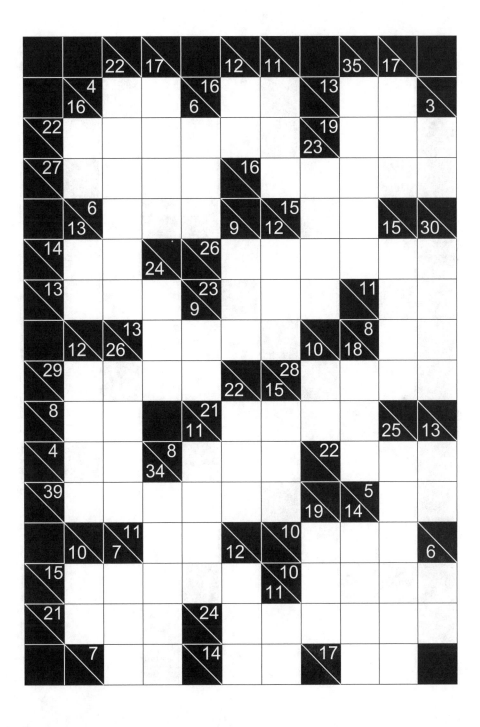

No 155

No 156

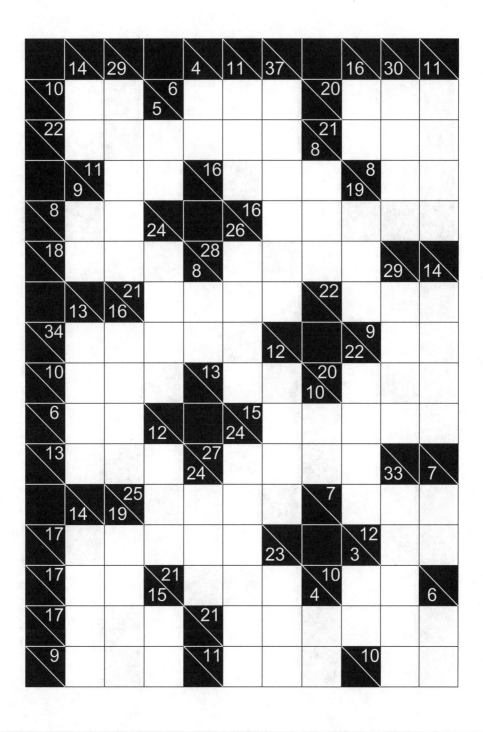

No 157

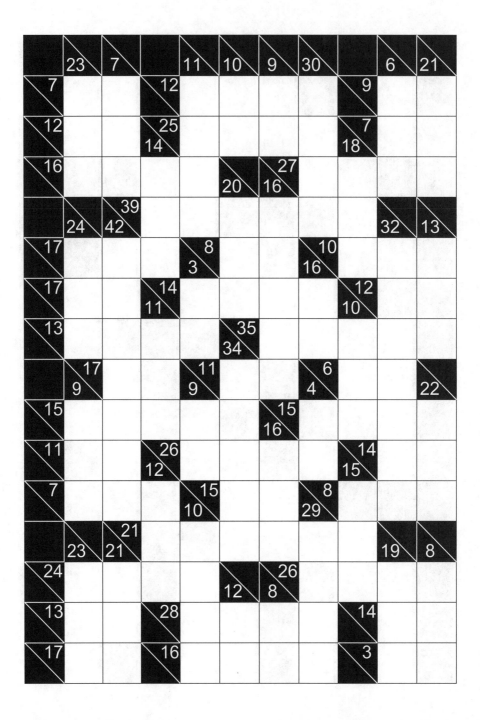

No 158

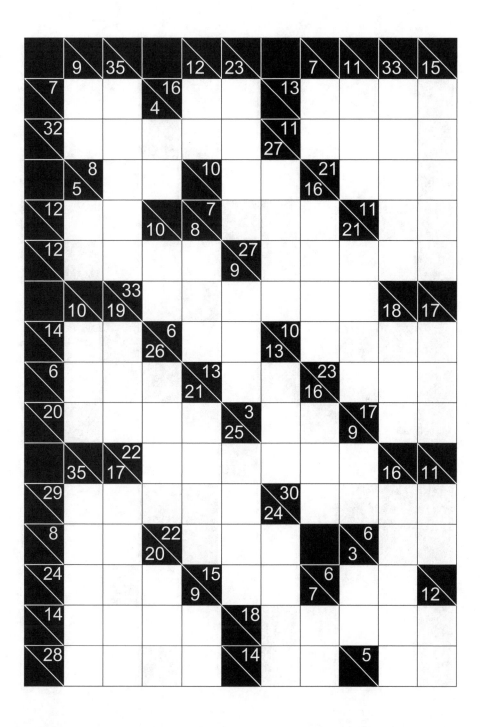

No 159

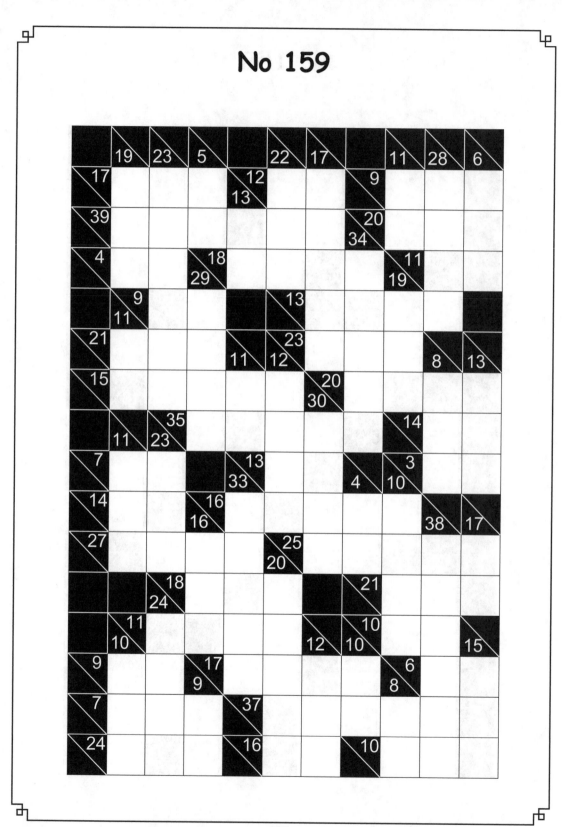

No 160

No 161

No 162

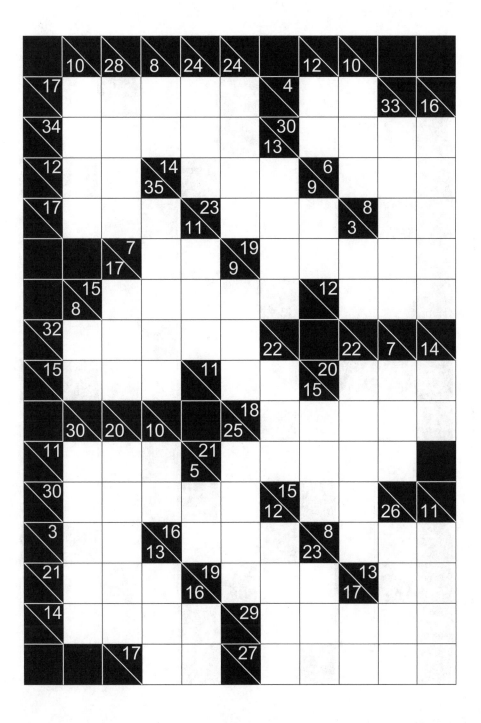

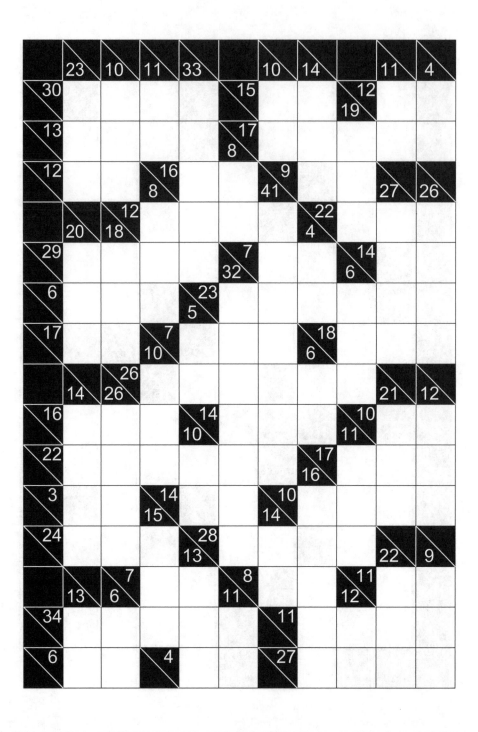

No 164

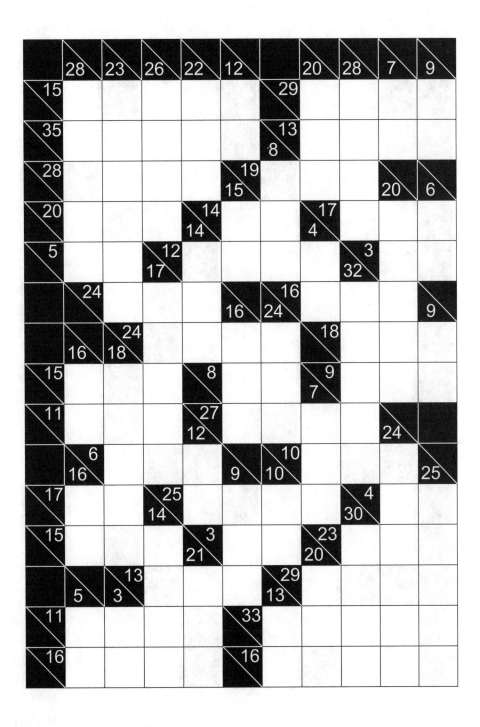

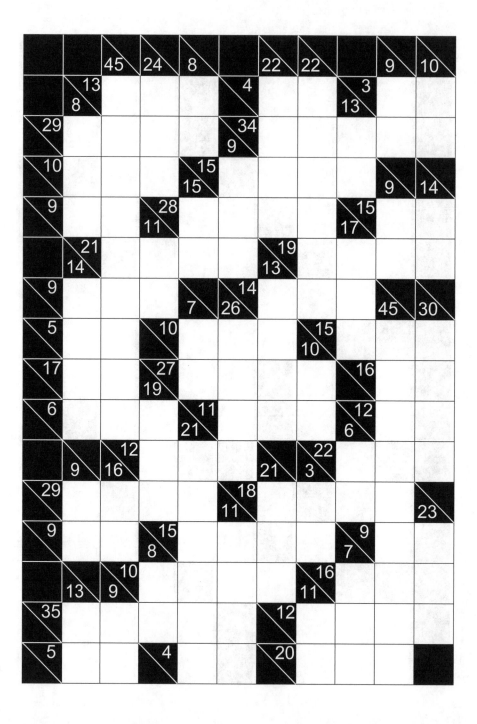

No 166

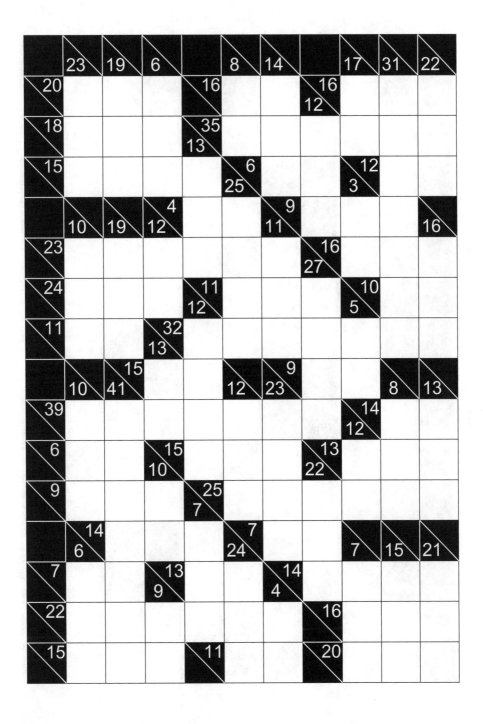

No 167

No 168

No 169

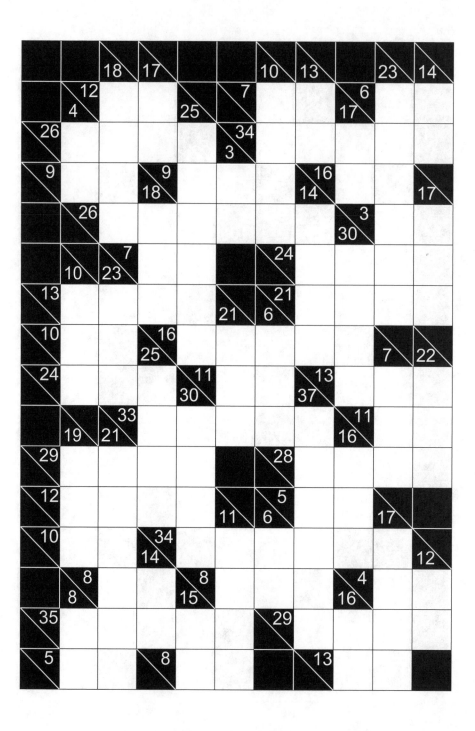

No 170

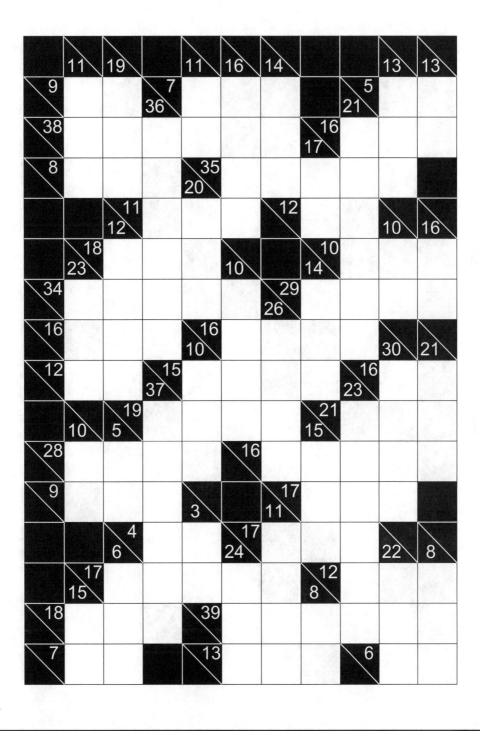

No 171

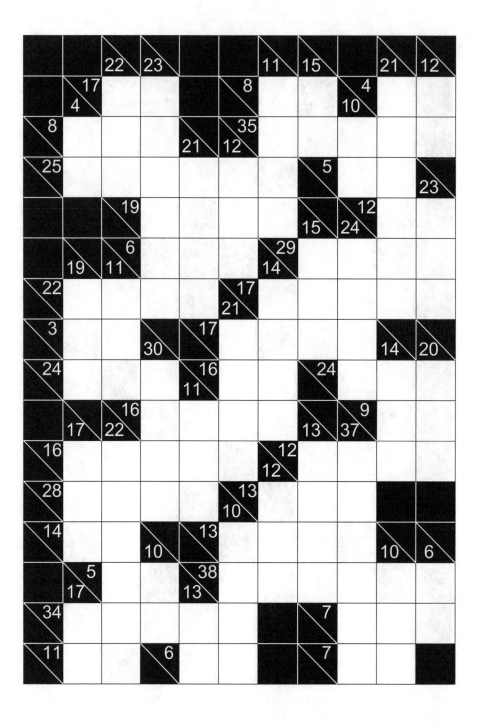

No 172

No 173

No 174

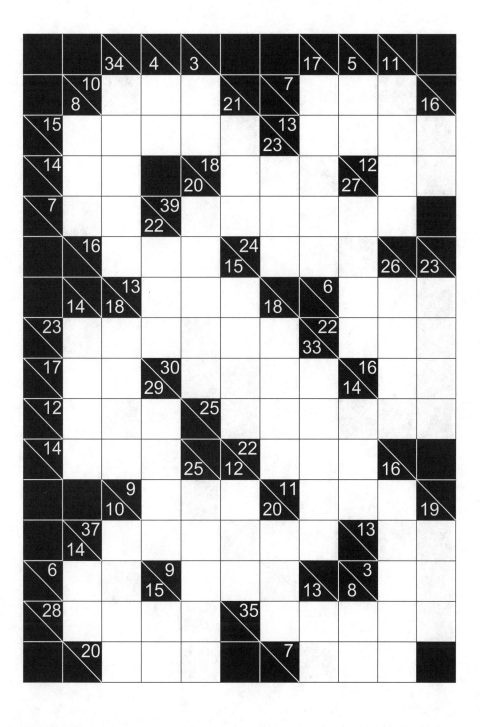

No 175

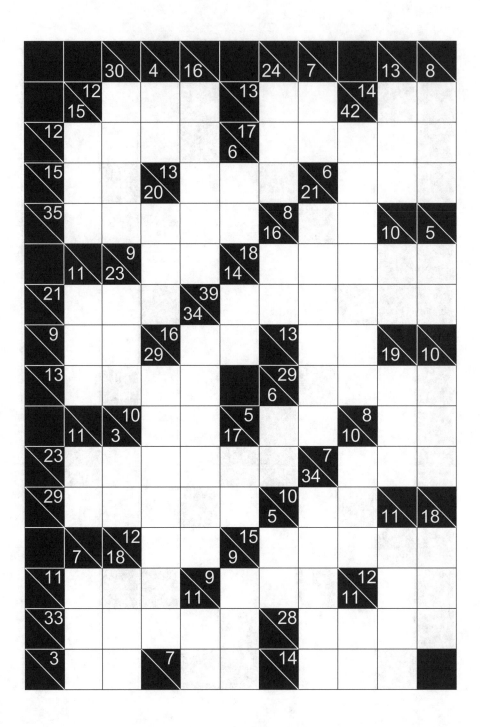

No 176

No 177

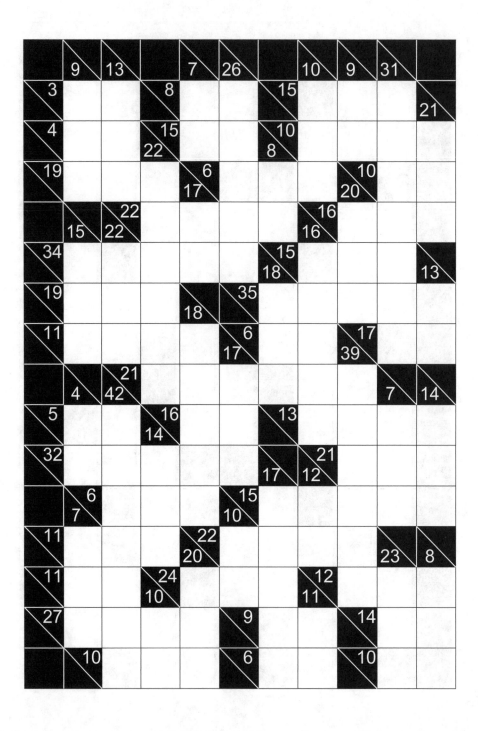

No 178

No 179

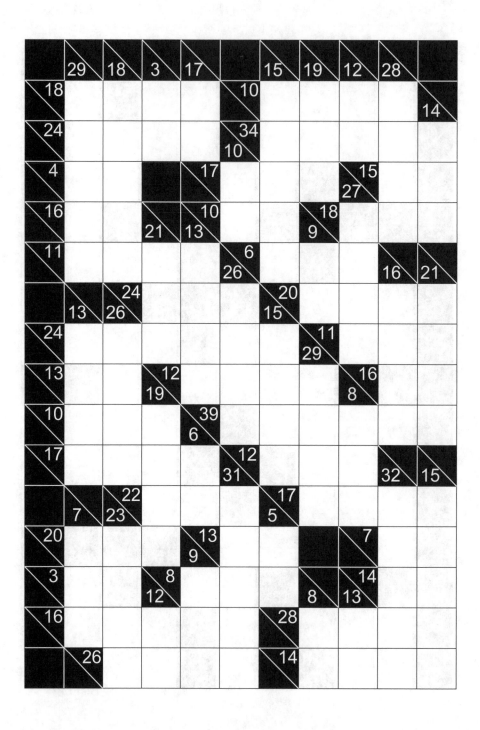

No 180

No 182

No 183

No 184

No 185

No 186

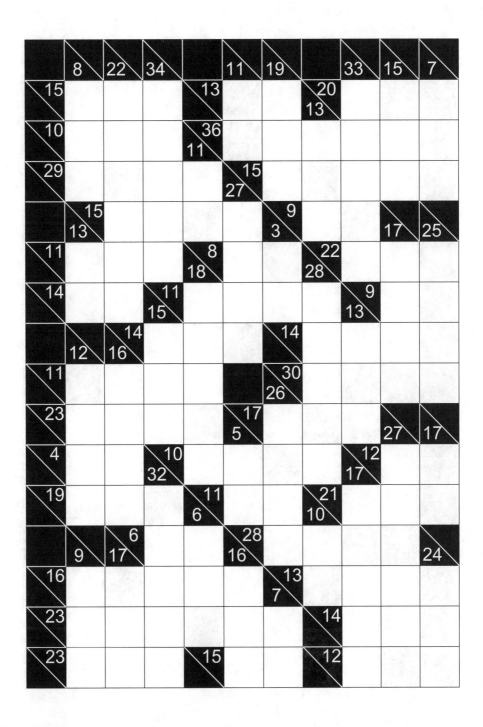

No 187

No 188

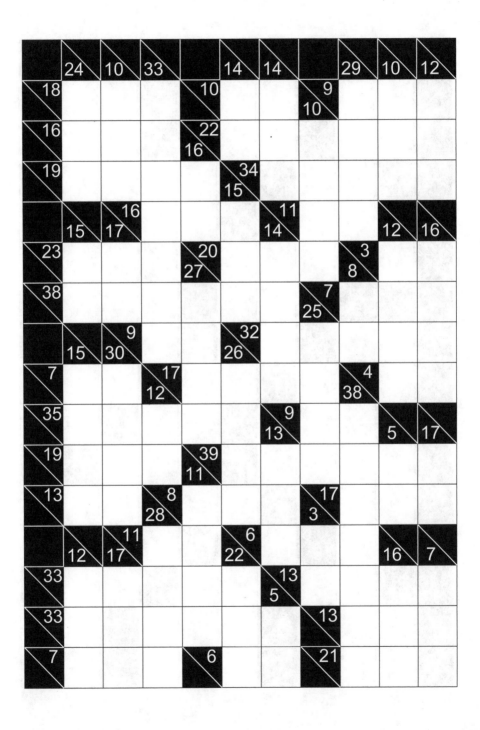

No 189

No 190

No 191

No 192

No 193

No 194

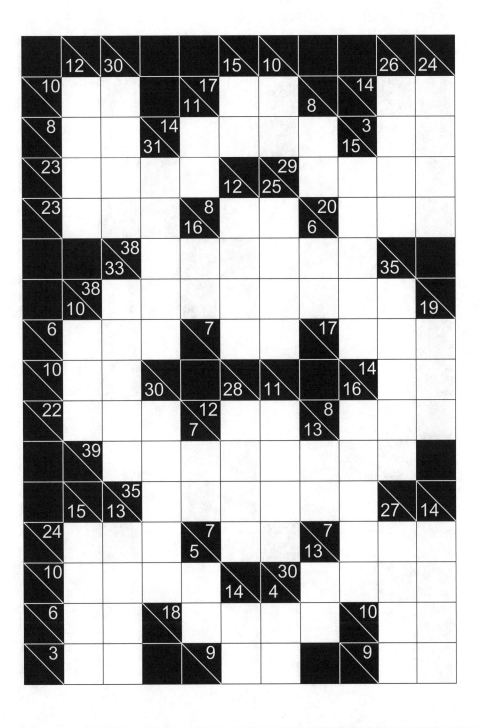

No 195

No 196

No 197

No 1

No 2

No 3

No 4

No 5

No 6

No 7

No 8

No 9

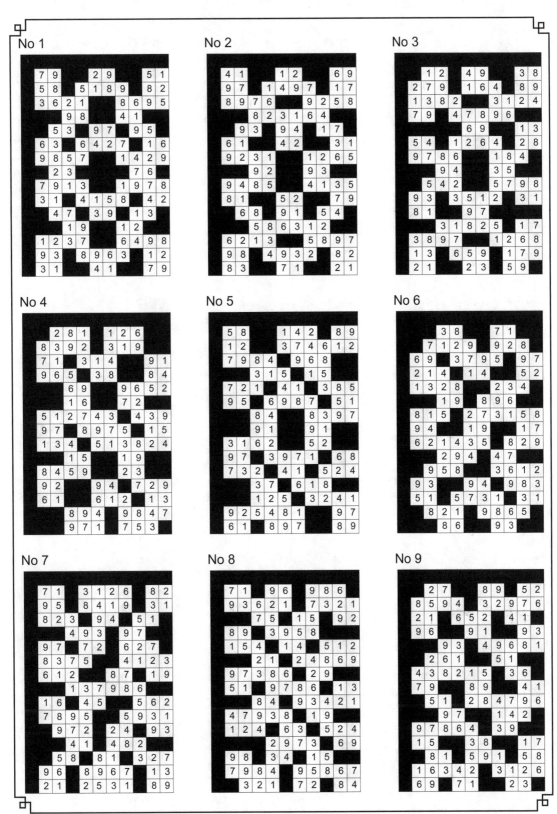

No 10

No 11

No 12

No 13

No 14

No 15

No 16

No 17

No 18

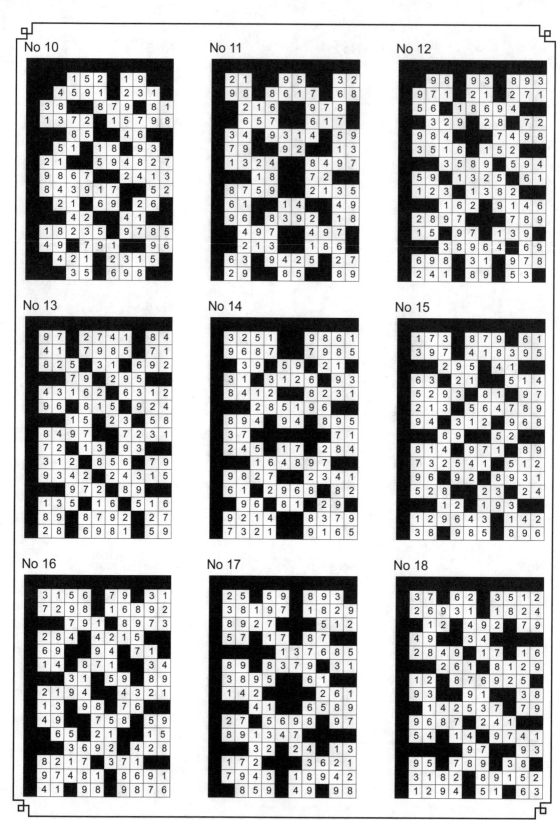

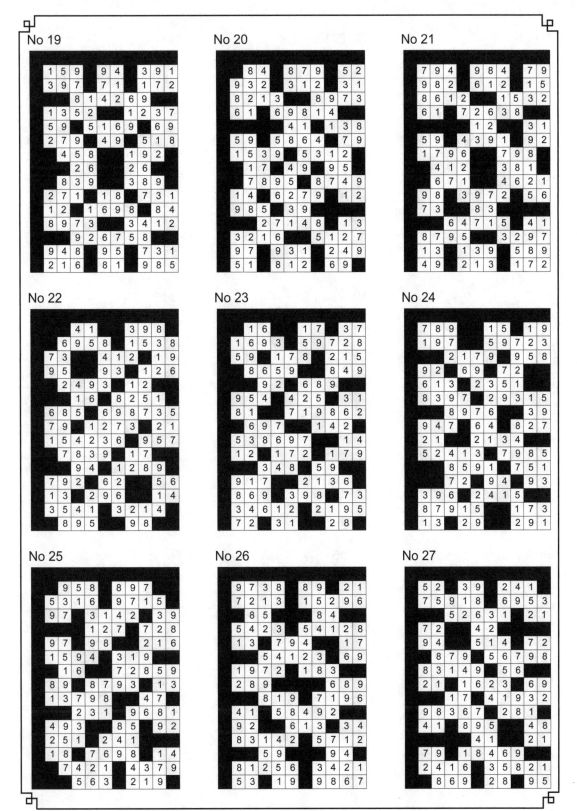

No 19

No 20

No 21

No 22

No 23

No 24

No 25

No 26

No 27

205

No 28

No 29

No 30

No 31

No 32

No 33

No 34

No 35

No 36

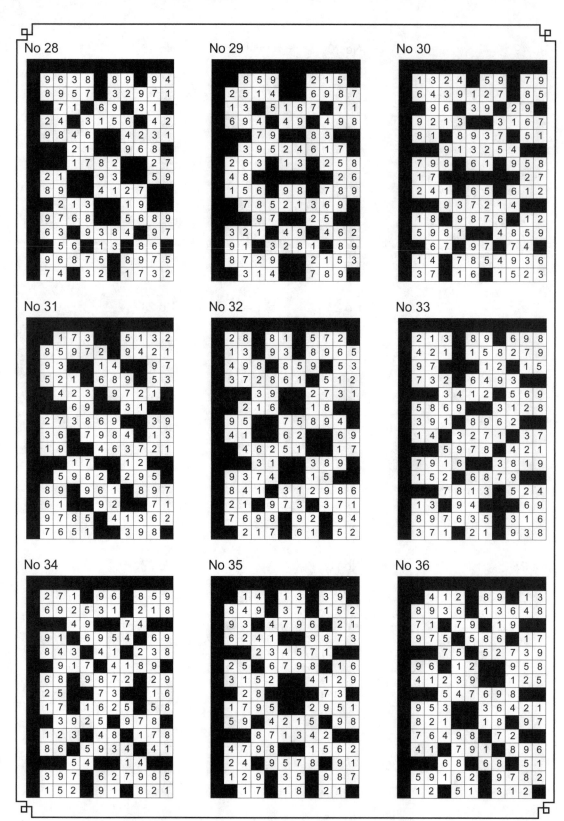

No 37

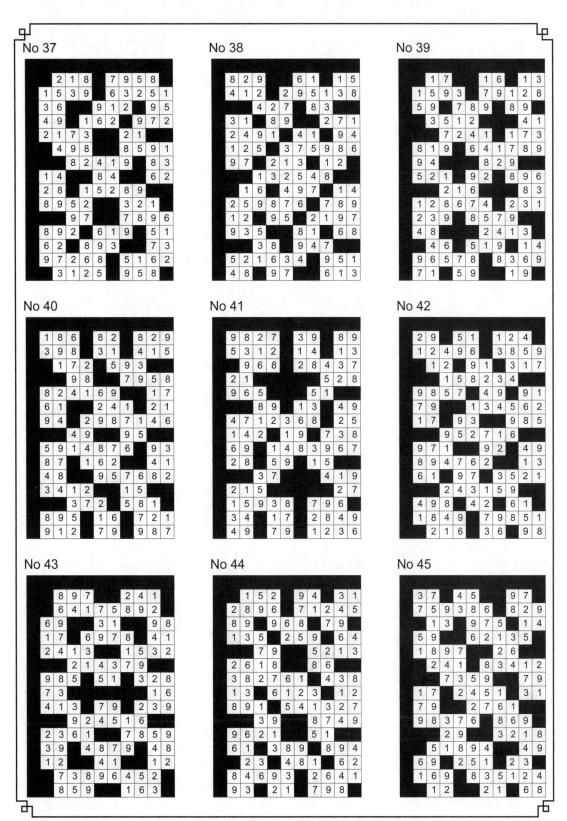

No 38

No 39

No 40

No 41

No 42

No 43

No 44

No 45

No 46

No 47

No 48

No 49

No 50

No 51

No 52

No 53

No 54

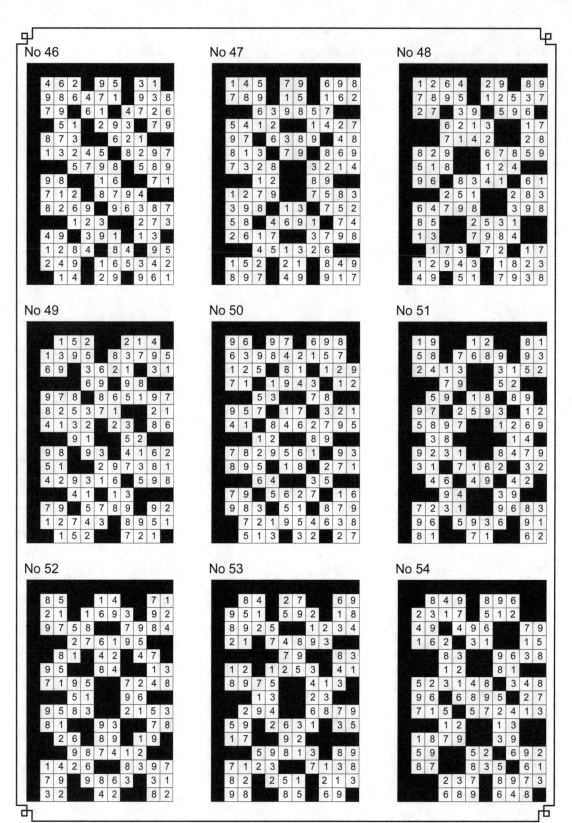

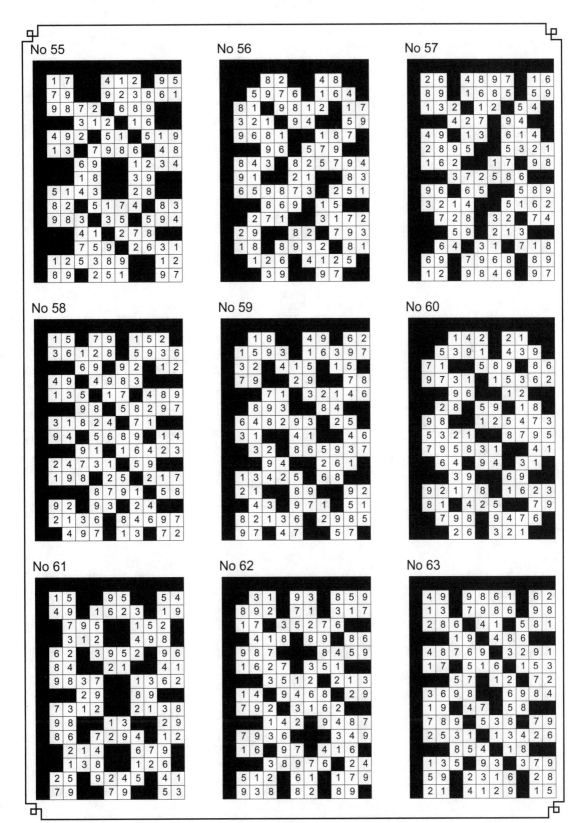

No 55

No 56

No 57

No 58

No 59

No 60

No 61

No 62

No 63

No 64

No 65

No 66

No 67

No 68

No 69

No 70

No 71

No 72

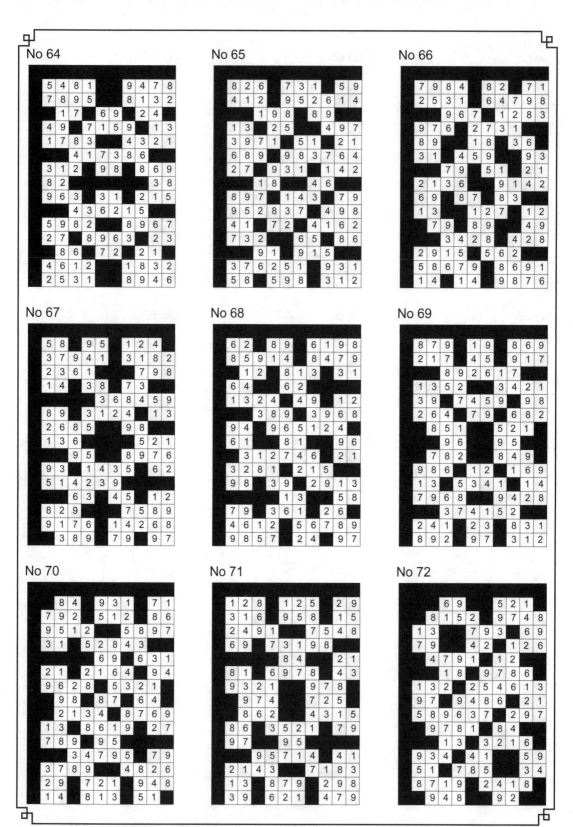

No 73

No 74

No 75

No 76

No 77

No 78

No 79

No 80

No 81

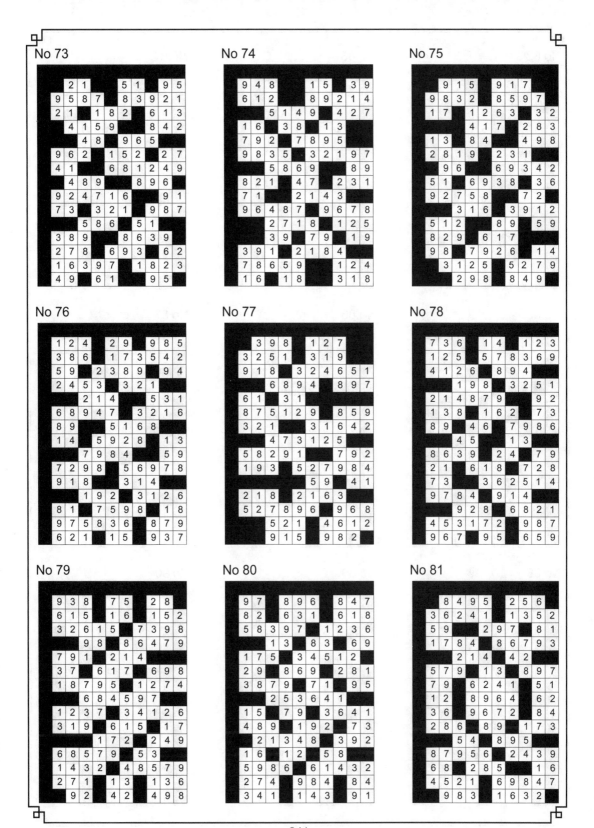

No 82

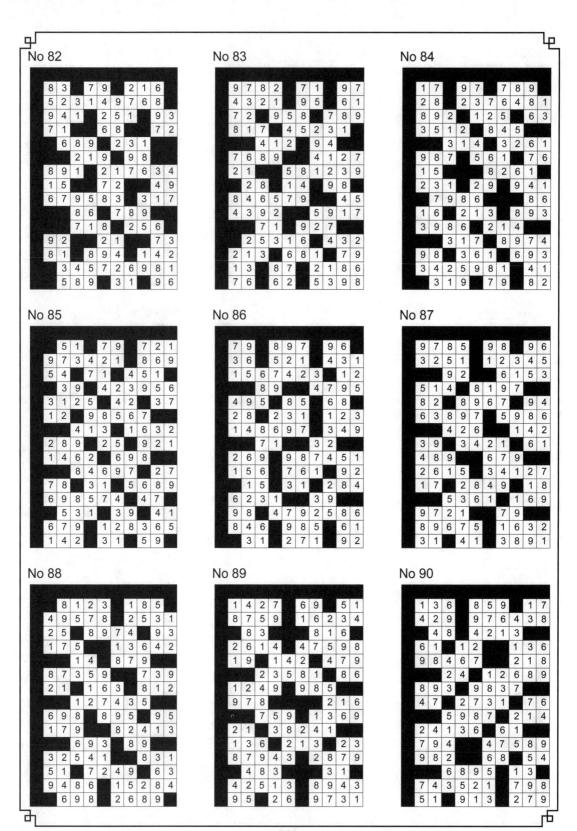

No 83

No 84

No 85

No 86

No 87

No 88

No 89

No 90

No 91

No 92

No 93

No 94

No 95

No 96

No 97

No 98

No 99

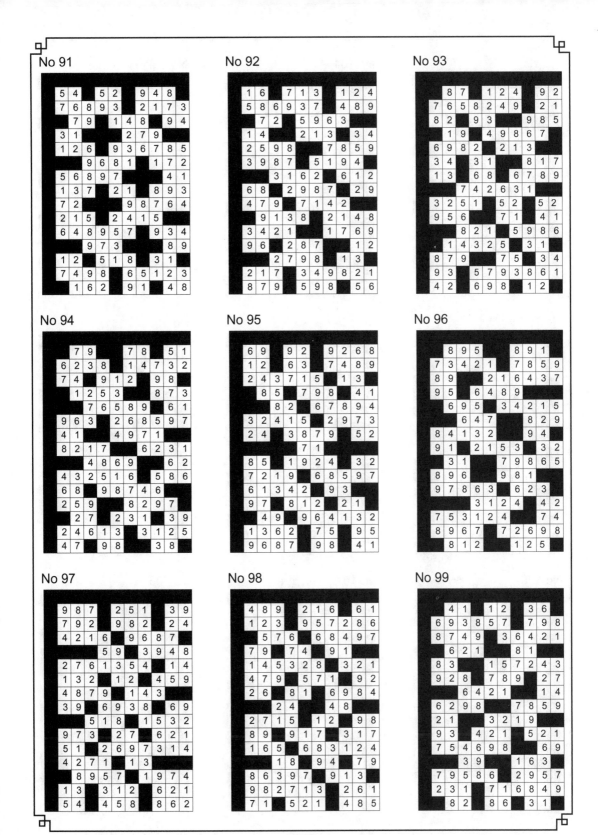

No 100

No 101

No 102

No 103

No 104

No 105

No 106

No 107

No 108

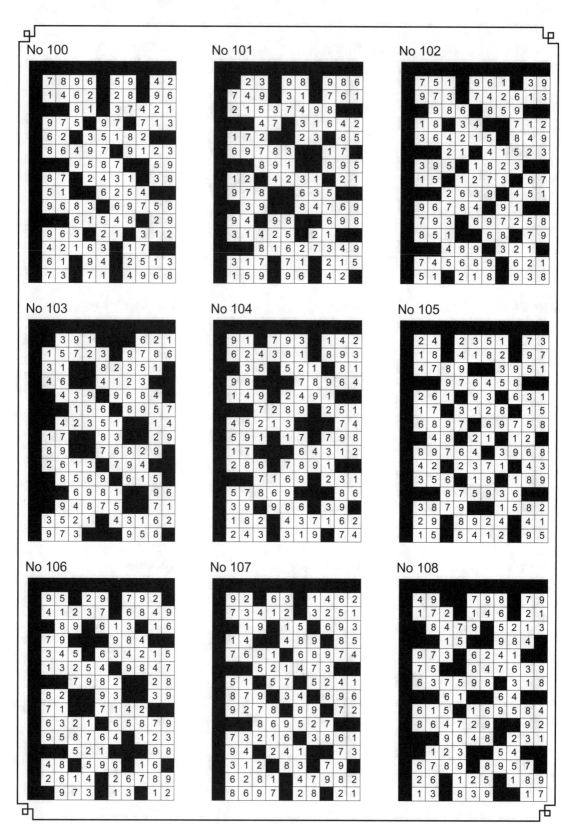

No 109

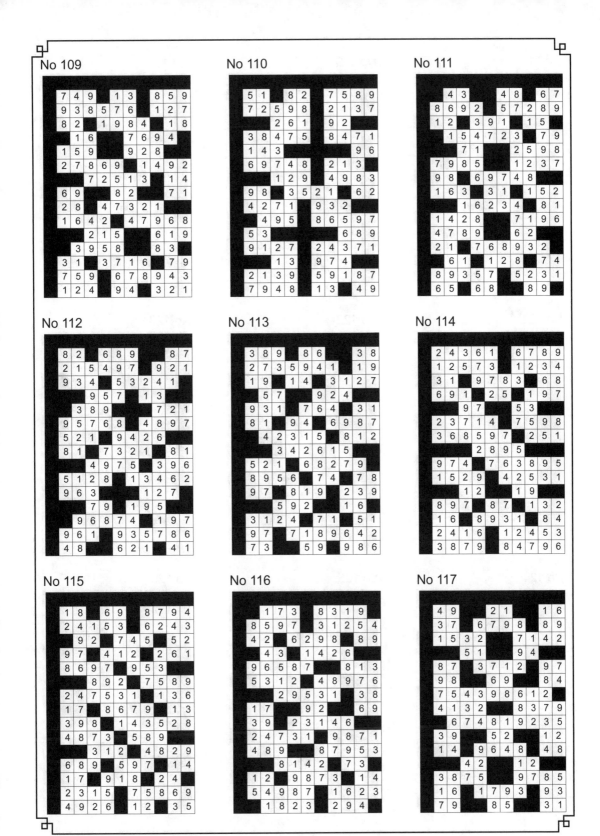

No 110

No 111

No 112

No 113

No 114

No 115

No 116

No 117

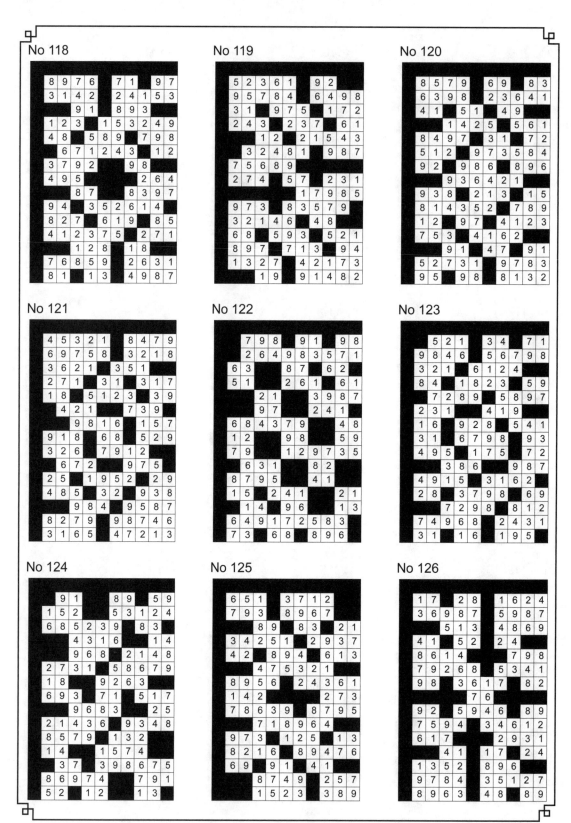

No 118

No 119

No 120

No 121

No 122

No 123

No 124

No 125

No 126

No 127

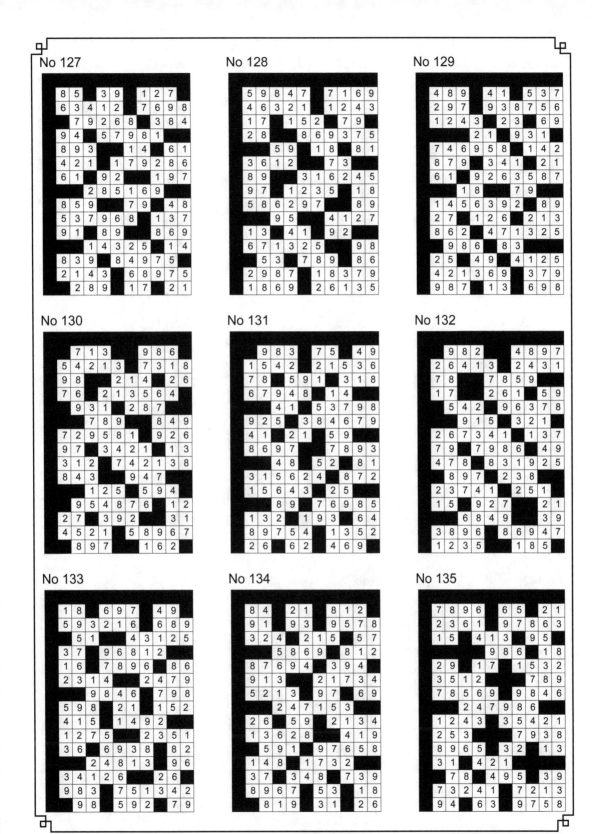

No 128

No 129

No 130

No 131

No 132

No 133

No 134

No 135

No 136

No 137

No 138

No 139

No 140

No 141

No 142

No 143

No 144

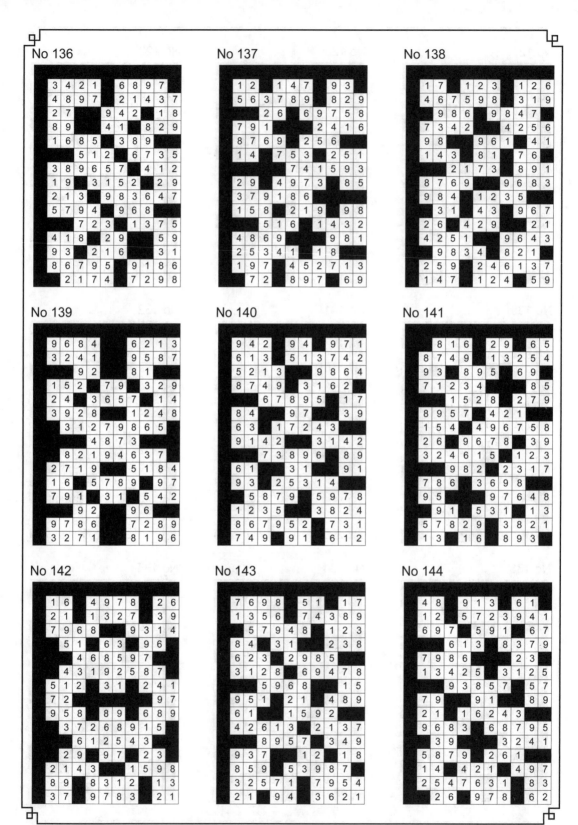

218

No 145

No 146

No 147

No 148

No 149

No 150

No 151

No 152

No 153

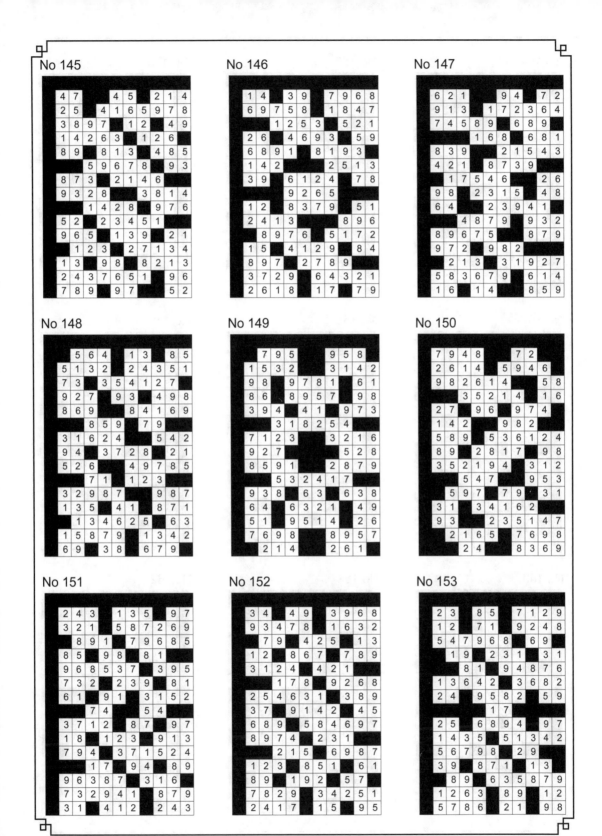

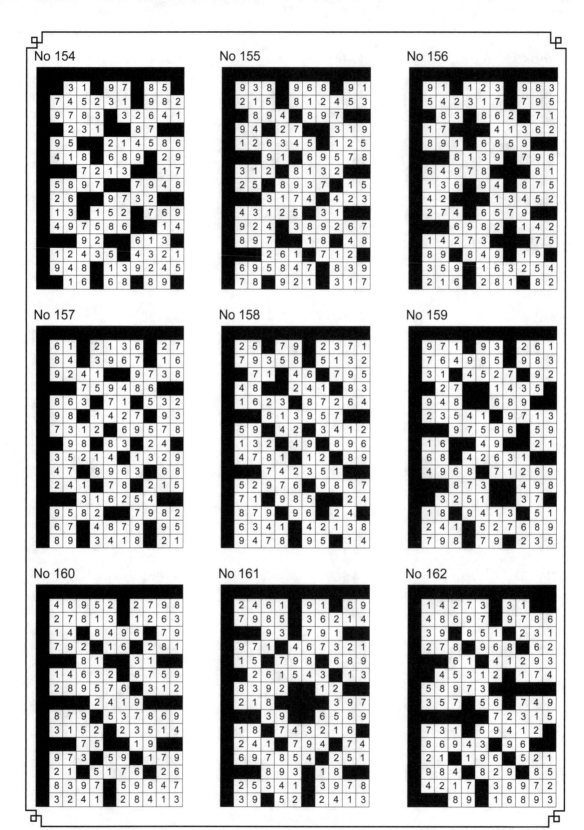

No 154

No 155

No 156

No 157

No 158

No 159

No 160

No 161

No 162

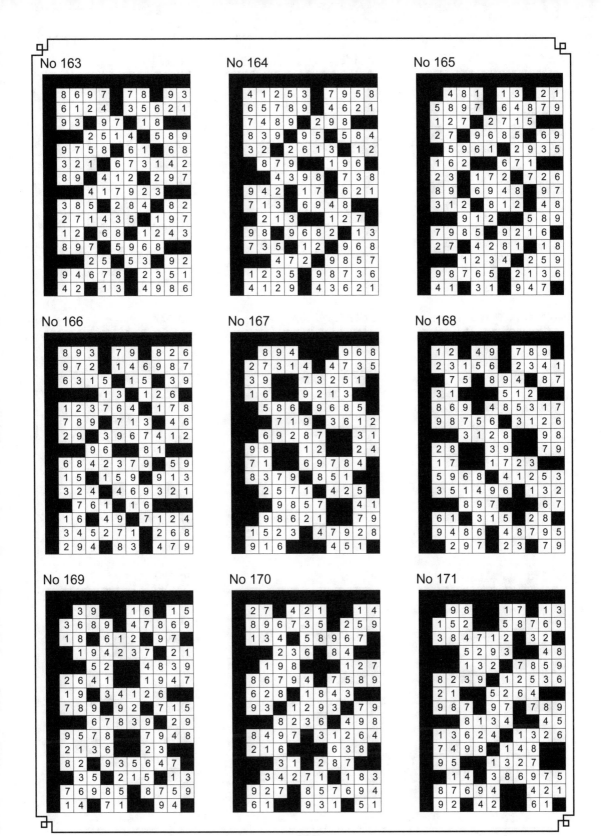

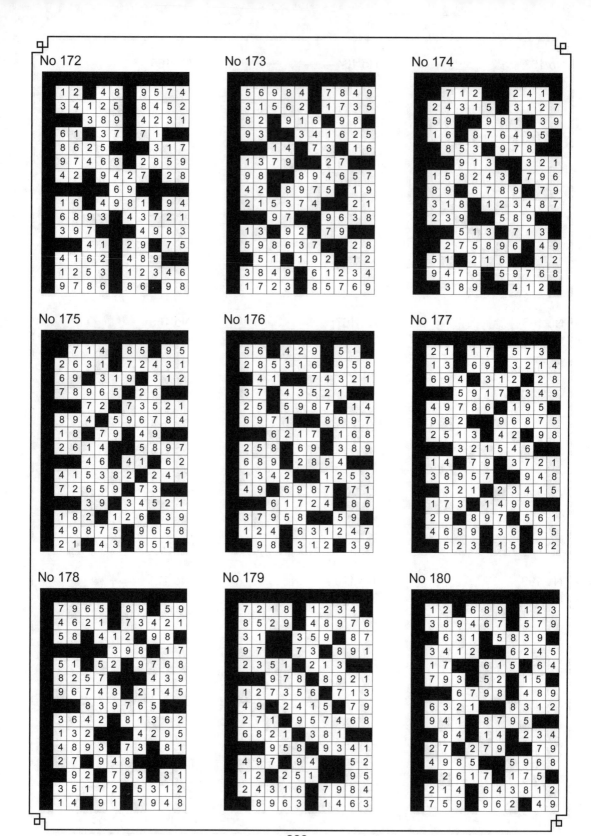

No 172

No 173

No 174

No 175

No 176

No 177

No 178

No 179

No 180

222

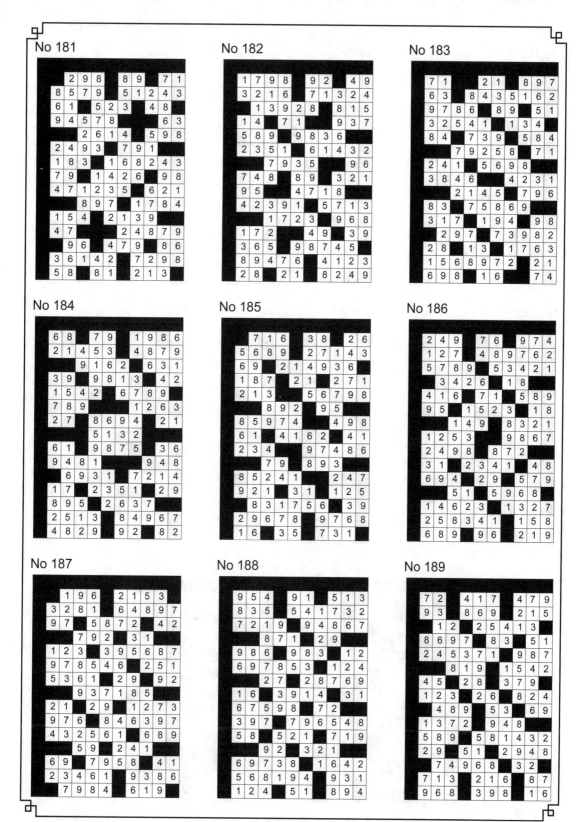

No 181

No 182

No 183

No 184

No 185

No 186

No 187

No 188

No 189

223

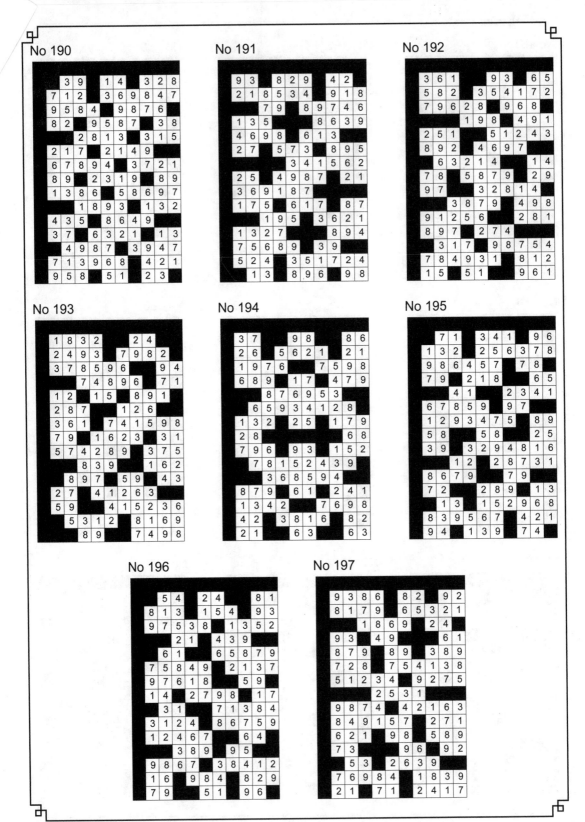

No 190

No 191

No 192

No 193

No 194

No 195

No 196

No 197